어릴 적 내가 되고 싶었던 것은

어릴 적 내가 되고 싶었던 것은

고정욱

샘터

들어가며

"독자들은 선배님께서 장애와 관련된 이야기를 해 주기를 기대하고, 듣고 싶어 합니다."

언젠가 출판사를 운영하는 후배가 이렇게 말했습니다. 어설픈 동화를 써서 건넸더니 돌아온 답이었습니다.

"선배님의 이야기를, 선배님만이 쓸 수 있는 이야기를 써 주세요."

돌이켜 보면 그의 말은 옳았습니다. 우리가 손흥민 선수의 축구 경기를 보는 이유는 그가 결정적인 골을 넣는 장면이 보고 싶기 때문입니다. 그가 골키퍼를 하거나 수비하는 모습을 기대하는 사람은 거의 없습니다.

저는 어릴 적 소아마비에 걸려 다리를 못 쓰게 됐습니다. 목발이나 휠체어가 없으면 홀로 이동할 수도 없어 어려서부터 뛰어노는 친구들을 부러워하며 방 안에서 책을 읽었습니다. '왜 하필 나지?', '왜 나만 장애가 있어 보고 싶은 것을 보지도, 하고 싶은 일을 하지도 못할까?'라는 생각에 무기력했던 시절도 있었습니다.

지금은 다르게 생각합니다. 장애가 있었기에 세상의 편견으로부터 나를 지키는 법을 배웠습니다. 장애 덕분에 다른 사람들과 다른 시선으로 세상을 볼 수 있었고, 주변 사람들의 소중함과 세상의 온기를 깨달았습니다.

장애인인 제가 가장 잘할 수 있는 이야기는 장애와 장애를 가지고 살아온 삶에 관한 것입니다. 저는 지금까지 장애에 대한 이야기를 꾸준히 적고 있습니다. 어떤 독자들은 지겨워하며 '이제 그만하면 되지 않았나?'라고 생각할 수도 있습니다. 그렇지만 저는 멈출 수 없습니다. 숙명이었고 혁명이었던 장애로 인해 인생의 꿈, 즉 소명을 품을 수 있었기 때문입니다.

사람들은 왜 살아야 하는지, 어떻게 살아야 하는지, 삶의 의미는 무엇인지를 끊임없이 고민하며 방황합니다. 분명한 것은 인간은 이 땅에 그냥 태어나는 존재가 아니라는 점입니다. 하늘을 나는 작은 벌레부터 들판의 풀 한 포기, 바다를 헤엄치는 물고기와 산속의 거대한 나무, 우리 인간에 이르기까지 모든 존재는 저마다 필요해서 그 자리에 있는 것입니다.

이 사실을 깨닫기까지 오랜 시간이 걸렸지만 그 후로는 더 이상 고통과 방황에 의미가 없었습니다. 오히려 삶을 초지일관하게 살아갈 힘이 생겼습니다. 우리가 자신만의 소명을 찾고 따라야 하는 이유입니다.

잠시 눈을 감고 어린 시절로 돌아가 봅시다. 여러분은 어떤 사람이 되고 싶었고, 어떤 일을 하고 싶었나요? 하고 싶은 일이 있었다면 왜 그 일이 하고 싶었나요? 어릴 적 그때의 마음을 떠올리며 소명에 대한 힌트를 얻기 바랍니다.

그동안은 제 삶에 대해 온전히 목소리를 내 볼 기회가 흔치 않았습니다. 이번에 모처럼 제 삶의 진솔한 이야기를 모아 보니 문득 부끄럽기도 하고, 비슷한 이야기를 반복하는 것은 아닐까 하는 생각에 우려스럽기도 합니다.

  그런데도 이 이야기를 세상에 내놓는 이유는 분명합니다. 장애가 없더라도 각자의 아픔과 고통을 가진 독자라면 제가 살아온 모습에서 도움을 받을 수 있으리라 믿기 때문입니다. 손흥민 선수가 고민해야 할 것이 '어떻게 하면 골을 더 잘 넣을 수 있을까?'지 '수비를 해야 할까, 골키퍼를 해야 할까?'가 아니듯 제가 고민해야 할 것도 '어떻게 하면 내 이야기를 더 깊이 있고 진정성 있게 전달할 수 있을까?'이기 때문입니다.

2025년 봄 북한산 기슭에서
고정욱

차례

들어가며 · 4

나 : 가장 먼저 떠올려야 할 단어

✦ 쓸모없음에 대한 두려움 · 13
✦ 거듭된 좌절이 덮쳐 올지라도 · 17
✦ 꽃의 존재 이유 · 23
✦ 오만과 편견, 아니 차별과 편견 · 28
✦ 그래도 나나 되니까 · 34
✦ 꼬장꼬장한 이메일주소 · 38
✦ 행복의 기준 · 43
✦ 예상치 못한 소식 · 48
✦ 헬렌 켈러와 나 · 52

사랑 : 상처를 치유하는 단어

✦ 포클레인과 무게추의 관계 · 59
✦ 가방 들어 주는 가족 · 64
✦ 우주에서 가장 강력한 힘 · 68
✦ 어릴 적 소원 · 73
✦ 멘토 이야기 · 77
✦ 진정한 친구 · 83
✦ 사라진 단체 메신저 방 · 88
✦ 내 곁의 도반 · 93
✦ 익명의 선행자 · 99
✦ 도움의 나비효과 · 104

용기 : 변화를 이끌어 내는 단어

✦ 고마운 결핍 · 157
✦ 울보였던 아이 · 161
✦ 두만강 흐르듯이 · 166
✦ 작가만의 초능력 · 170
✦ 틀 밖으로 나갈 결심 · 175
✦ 작지만 강한 대화 · 180
✦ 홍보하는 자동차 · 185
✦ 에너지 창고 · 190
✦ 직업은 바꾸라고 있는 것 · 194

책 : 인생의 변환점이 되는 단어

✦ 지금의 나를 만든 힘 · 111
✦ 책에서 발견한 길 · 115
✦ 만화책도 책이다 · 121
✦ 꿈의 궁전, 도서관 · 125
✦ 책이 사라진 세상 · 131
✦ 책 쓰는 마음 · 137
✦ 모두가 공감할 수 있는 글 · 142
✦ 연필의 역할 · 145
✦ 새 신문, 새 작품 그리고 새 삶 · 149

소명 : 삶을 춤마하게 만드는 단어

✦ 헬렌 켈러와 은총이 · 201
✦ 언행일치 · 207
✦ 돌아다님의 행복 · 212
✦ 내가 꿈꾸는 세상 · 217
✦ 손을 내미는 것만으로 · 221
✦ 어떤 소녀의 마음속 이야기 · 227
✦ 눈물 흘린 아이 · 231
✦ 미래를 위한 약속 · 236
✦ 꾸준히 또 꾸준히 · 241

나

가장 먼저 떠올려야 할 단어

쓸모없음에 대한 두려움

✦

세계적으로 가장 잘 알려진 장애인은 아쉽게도(?) 내가 아니다. 헬렌 켈러다. 태어나 가장 먼저 들은 장애인의 이름도 헬렌 켈러였다. 아마 그녀의 이름을 들어 보지 않은 사람은 거의 없으리라. 위인전에 반드시 등장하는 인물이며 우리나라에도 관련 시적이 1,000권 넘게 발간됐다.

퇴역 군인이었던 헨리 켈러와 케이트라는 아름다운 여인이 결혼해서 낳은 딸이 바로 헬렌이다. 켈러 가족은 미국 앨라배마주의 터스컴비아에 살았다. 8만 평이나 되는 넓은 농장의 주인이기도 했던 헨리는 귀여운 딸이 태어나자 너무나 행복해하며 사랑을 쏟아부었다.

그런데 1882년 2월, 헬렌은 생후 19개월이 됐을 때 뇌에 병이 생기고 말았다. 정확하게 어떤 병인지는 알 수 없었다. 뇌척수막염으로 추정된다고도 하고, 성홍열을 앓았다고도 한다. 이 병으로 헬렌의 시야는 아른거리기 시작했고 결국 빛으로부터 멀어졌다. 시력을 잃은 것이다.

이어서 귀까지 들리지 않게 된 헬렌은 소리와 빛으로부터 완전히 차단됐다. 자연히 말도 못하게 됐다. 성대는 멀쩡했지만 소리를 듣지 못하니 말하는 방법을 알지도, 익히지도 못한 것이다. 이렇게 헬렌은 몇 년간 어둠 속에 갇혀 살았다.

깜깜한 골방에 몇 년을 갇혀 있었다고 생각해 보자. 바깥에서 무슨 일이 일어나는지 알 길이 없다. 어머니와 주변 사람들을 더듬더듬 어루만져 '이 사람들이 나를 도와주는구나' 하고 느껴도, 의견과 감정을 제대로 표현하는 방법을 배우지 못해 뜻대로 되지 않으면 소리 지르고 화내는 흉포한 아이로 자랄 수밖에 없었다. 불시에 생긴 장애가 멀쩡한 아이조차 왜곡된 삶을 살도록 만든 것이다.

과학과 의학 기술이 날로 발전하고 있지만 사람들은 아직도 감기같이 작은 병도 완전히 이겨 내지 못해 매년 병원을 찾는다. 전 세계를 덮친 코로나19 팬데믹으로 미뤄 본다면 과학이 아무리 발전한다 해도 수많은 질병과 바이러스, 박테리아, 곰팡이를 완전히 없앨 수는 없지 않을까? 그런데도 인류는 딱 두 개의 질병을 없애는 데 성공했다. 하나는 비디오테이프 공익광고에나 나오는 마마, 즉 천연두고 다른 하나는 내가 걸린 소아마비다.

나도 헬렌처럼 부모님의 사랑을 듬뿍 받는 맏아들로 태어났다. 그때는 아무 질병도 없는 건강한 아이였다. 귀한 아들을 낳았다고 기뻐한 부모님은 잘 길러 보겠다며 병원에 가서 소아마비 예방주사를 두 번이나 맞혔다. 당시가 1960년, 그러니까 6·25 전쟁이 끝난 지 딱 7년이 되던 해였는데, 그때 우리나라는 보건 개념이 자리 잡지 못해 위생 수준이 처참했다.

어느 날 내 온몸에 열이 펄펄 났다. 놀란 어머니가 밤새 칭얼대는 나를 달래다 아침에 안아 보니 다리가 갑자기 힘없이 축 처지더란다. 아기는 돌이 지나면 대부분 걷는다. 돌 무렵이었던 나도 걷기 시작하려던 참이었는데 다리에 힘이 쭉 빠지니 놀란 부모님이 허겁지겁 병원으로 달려갔다. 의사의 말은 청천벽력. 소아마비였다.

예방주사를 두 번이나 맞았는데 왜 소아마비에 걸렸을까? 평생의 의문이다. 몇몇 보건학 전문가의 말이 그때 백신은 미국 어린이용으로 제작된 수입산이라 한국 어린이에게는 적합하지 않았을 가능성이 있다고 했다. 또 먼 거리를 오느라 변질됐을 수도 있으며 냉장 보관을 하지 않았을 거라는 말까지 들었다. 그래서 나같이 운 나쁜 경우도 많았다는 거다.

소아마비는 척수 안에 있는 운동신경과 감각신경 가운데 운동신경만을 마비시키는 무서운 병이다. 보통의 아이는 다리를 바늘로 콕 찌르면 '아야!' 하고 소리 지르며 발을 움츠리는데 나는 소리는 쳐도 발은 움츠릴 수 없었다. 운동신경이 마비된 발이 스스로 움직이지 못하니 손을 이용해서 움직여야만 했다.

당연히 걸을 수도 설 수도 없었다. 나는 단 1센티도 스스로 걷지 못하는 삶을 살게 됐다. 지금까지 혼자 힘으로 서 보지 못했다. 보지 못하고, 듣지 못하고, 말도 못했던 삼중고의 헬렌은 대체 어떻게 살았던 걸까? 나는 아무 일도 할 수 없고, 쓸모없는 사람이 될 거라는 자괴감을 안고 삶을 시작했다.

거듭된 좌절이 덮쳐 올지라도

역사는 승자의 것이다. 마찬가지로, 뭔가를 이뤘다는 사람들의 이야기는 대개 그들의 강인함과 지혜로움, 영민함을 드러낸다. 그리고 이 승리와 성공은 저절로 주어지지 않는다.

내게 의식이 생겼을 때는 이미 다리를 못 쓰는 상태였다. 집 안에서는 기어다녔고 밖을 돌아다니는 것이 힘들고 어려운, 그야말로 제약이 많은 장애인이었다. 오죽하면 내 가장 큰 즐거움이 친척들이 왔을 때 나를 안거나 업어 동네 한 바퀴를 돌아 주는 것이었을까? 바깥세상을 구경하는 것보다 더 큰 즐거움은 없었다.

학교는 어머니의 희생으로 다닐 수 있었다. 어머니는 나를 등에 업고 등하교하며 그 어려움을 함께 이겨내 주셨다. 부모님은 나를 동네에 있는 일반 국민학교로 보냈고, 나는 그곳에서 친구들을 사귀고 밝고 명랑하게 지내며 금세 학교생활에 적응했다. 다만 체육 시간에는 다른 아이들이 노는 것을 구경해야 한다는 점, 화장실도 누군가의 도움을 받아야만 갈 수 있다는 점 때문에 속이 상하곤 했다.

가끔 절름발이라고 놀리는 아이들도 있었지만 개의치 않았다. 굴뚝에 들어간 두 아이 중 한 명은 얼굴에 검댕을 묻힌 채로, 다른 한 명은 깨끗한 상태로 나왔다면 누가 얼굴을 씻을까. 바로 깨끗한 아이다. 상대방 얼굴에 검댕이 묻은 것을 보고 자기 얼굴에도 묻었겠다고 생각하기 때문이다.

내 경우가 그랬다. 친구들이 다 비장애인이라 나도 비장애인일 거라고 생각했다. 주변에 나 같은 아이는 별로 볼 수가 없었으니까. 좋은 친구들을 사귀면서 초·중·고등학교를 다니는 동안 한 번도 결석하지 않아서 12년간 개근상도 받았다. 그때까지만 해도 세상이 나를 다르게 보지 않을 거라 여겼다. 이때까지만 해도 장애를 좌절이나 실패라고 보지 않았다. 그저 주어진 악조건 정도로만 여겼다.

현실을 깨달은 것은 의대 입학의 꿈을 이룰 수 없게 되면서부터였다. 나는 의대 진학을 희망했기에 이과반에서 공부했다. 그런데 장애인은 응급환자에 빠르게 대처할 수 없고 쓰러져 있는 환자를 나를 수 없다는 이유로 의대에 지원할 수 없다는 소식을 들었다.

낙담한 내게 담임선생님이 문과로 갈 것을 조언했고, 그때부터 좋아했던 물리, 화학, 생물 등 과학 과목 수업이 진행되는 동안 뒷자리로 가서 지리, 사회 같은 문과 과목을 공부해야 했다. 과목 선생님들도 내 상황을 이해하고 눈감아 줬다. 하지만 뒷자리에 앉아 흥미 있는 과목을 포기하고 적성에 맞지 않는 과목을 깊이 파고들어야 하는 심정은 왕따를 당하는 기분과도 비슷했다. 그 결과 진학하게 된 과가 바로 국문과였다.

살아 보니 삶은 절대 자신의 의지대로 되는 것이 아니었다. 선택할 수 있는 것도 아니었다. 대개 우리에게는 태어날 때 모든 것이 주어진다. 얼굴 모양, 가족, 성격, 외모, 피부색, 환경. 모든 게 다 그저 주어진다. 선택할 수 있는 것이라곤 한

끼 식사 메뉴 정도일까?

 이 사실을 모르면 내게 주어진 것들이 부족하거나 마음에 들지 않을 때 좌절해 버린다. 모든 것을 내려놓고 만다. 깨달음이 없으면 일어설 수 없다. 도미노 블록을 세우다 보면 거의 완성됐을 때 무너져 내리는 경험을 하게 된다. 다시 시작해야 하는 것이다. 정말 속상한 지점은 무너짐이 아니라 다시 해야 한다는 사실이다.

 만일 애초에 받은 블록이 짝도 안 맞는 망가진 것이라면 어떤 기분일까? 속상하고 말고 할 것도 없다. 대부분 블럭 쌓기를 포기할 거다. 하지만 나는 무조건 새로 시작해야만 한다. 선택의 여지가 없기 때문이다.

 대학을 졸업한 뒤 대학원에 진학했다. 비록 의사가 되려다 방향을 튼 것이었지만 국문학을 공부하고 문학에 대해 조금씩 알게 되자 문학 공부를 더 해 보고 싶었기 때문이다. 책을 읽다가 모르는 단어가 나오면 사전을 찾아 단어장에 적어 놓고 영단어 외우듯이 열심히 암기했고 도서관에서 살다시피 했다. 덕분에 석사에 이어 박사과정을 밟을 수 있었다. 원하지 않던 과를 들어간 좌절과 상처를 멋지게 회복한 셈이다.

두 번째 좌절은 엉뚱한 곳에서 찾아왔다. 박사과정 중에 강사로 학생들을 가르칠 기회가 있었는데 학교 측에서 내게 묻지도 않고 임의로 강의를 없애 버렸다. 이유는 단순했다. 칠판에 글을 쓰는 판서가 어렵기 때문이라는 것이다. 대학 강의에서 판서가 뭐 그리 중요하단 말인가? 내 의지는 그때 다시 꺾였다.

'공부를 열심히 해 봐야 소용이 없고, 원하는 것을 이룰 수 없는 거 아닌가?'

'공부를 열심히 하고 노력하면 무엇이든 이룰 수 있다'라는 사회통념이 나에게만큼은 거짓이고 사기였다. 내가 좌절의 늪에 빠지자 한 선배가 일침을 놨다.

"왜 교수님들께 항의하지 않아? 가서 강의 달라고 주장해. 그건 네 권리야!"

순간 머릿속에 불이 켜졌다. 이대로 주저앉아 있을 수는 없었다. 결국 교수들을 설득했고, 한 번만 강의를 맡겨 달라고 강력하게 호소했다. 그 결과 다음 학기에 강의를 배정받았고 20년 동안 대학 강단에 설 수 있었다.

열심히 한다고 해서 반드시 이룰 수 있는 것은 아니다. 하지만 좌절하고 실패해도 우리에게는 다시 살아갈 힘이 있다. 나를 힘들게 한 좌절이 새로운 출발과 성공의 영양분이 되기 때문이다. 반면 그대로 좌절해 버리면 세우지 않은 도미노 블록이 되고 만다. 또는 배열하다 실수로 쓰러뜨린 도미노가 된다.

딱 한 번 멋진 도미노 현상을 보기 위해 전문가들은 몇 번씩 중간에 무너진 도미노를 다시 세우고 또 세운다. 그렇게 최종 완성을 이루고야 만다. 마침내 모든 도미노가 아름답게 쓰러지는 단 한 번의 멋진 장면을 구현해 낸다.

지금 힘들고, 어렵고, 허탈하고, 공허한가? 그렇다면 이제 다시 시작할 때가 됐다는 뜻이 아니겠는가.

꽃의 존재 이유

행사에 참석하면 가끔 농담처럼 말한다.

"저는 화환을 거절합니다. 꽃은 보기엔 아름답지만 며칠 뒤엔 결국 쓰레기봉투에 넣어 버려야 하니까요."

여전히 내 안에는 꽃이나 화환을 쓸모없는 것, 허례허식으로 여기는 마음이 있다. 감성이 부족한 탓이다. 그런데 장식품도 아닌 장애인을 이런 관점으로 보는 사람이 있다면 믿겠는가.

비상식적인 행동이지만 나는 그러한 야만을 직접 겪으며 살아야 했다. 어릴 적 부모님에게 이웃집 할머니가 "아무짝에도 쓸모없는 아이니 해외로 입양 보내"라고 한 말은 가장 순화된 표현이다. 실제로는 더 심한 이야기도 많이 들었다.

헬렌 켈러의 아버지처럼 군인이었던 아버지는 내가 소아마비에 걸렸다는 사실을 알게 된 동료에게 이런 말을 들었다고 했다.

"고 대위님, 진급도 해야 하고 앞으로 가야 할 길이 멀잖아요? 저런 아이는 방해만 될 뿐입니다. 조용히 처리하세요."

조용히 처리하라는 게 뭔지는 상상하기도 끔찍하다. 충격을 받은 아버지는 다시는 그 동료와 이야기를 나누지 않았으며, 작고하기 직전까지 그 일을 떠올리며 힘들어했다.

어디 그뿐인가. 길가에서 친구들과 놀고 있으면 지나가던 할머니나 아줌마, 아저씨가 나를 보고 혀를 차는 것은 다반사였다. 가끔은 속주머니에서 돈을 꺼내 주며 거지 취급하는 사람도 있었다. 목발을 짚고 걷는 내 어깨와 팔 동작을 흉내 내며 놀리는 친구들은 말할 것도 없었다. 나를 온갖 비속어 섞인 호칭으로 부르며 낄낄대는 경우도 많았다. 오죽하면 두 살 어린 동생이 나서서 주먹을 휘두르며 그런 녀석들과 싸웠을까. 참으로 거칠고 힘든 시기를 거치며 많은 마음의 상처를 입어야 했다. 하지만 지금 돌이켜 보면 이 상처들이 나를 더욱 강하게 만들었다는 생각이 든다.

최근에 시내의 건물 지하 주차장에서 상습적으로 장애인 주차구역에 고급 승용차를 주차하는 사람을 봤다. 제법 정의감에 불타던 때라 그 사람에게 부드럽고 친절하게 말했다.

"이곳에 차를 대면 장애인들이 주차할 수 없습니다. 다른 곳으로 이동해 주차해 주시면 감사하겠어요."

대부분은 미안하다고 사과하며 차를 빼거나 양해를 구했시만 이 사람은 달랐다. 대뜸 입에 담을 수 없는 욕부터 하는 것이 아닌가.

"어디서 장애인 따위가 시내를 돌아다니며 바쁜 사람들을 방해해?"

지나가던 행인들이 당황할 정도였지만 나는 표정 하나 변하지 않았다. 이미 이 정도의 모욕을 많이 겪었기에 이런 말에 대처하는 최고의 방법은 끝까지 평정과 품위를 잃지 않는 것임을 알고 있었다.

"알았으니까 차를 빼 주세요. 저도 굳이 신고하고 싶지 않습니다."

그는 나를 흥분시키고 싶었는지 비속어를 거듭하며 도발했는데 아마 본질을 호도해서 문제의 성격을 바꾸는 데 능숙한 듯했다. 내가 반응하지 않자 그는 삿대질하며 말했다.

"네 맘대로 해, 이 자식아!"

폭언을 퍼붓는 그 모습에서 장애인이나 자신보다 약하다고 여기는 사람을 짓밟고 억압하려는 야만의 시대가 여전히 이어지고 있음을 느꼈다. 이러한 야만 때문에 많은 장애인이 아직도 집 밖으로 나오지 못하고 위축된 삶을 살아가고 있으리라. 이런 야만을 버티고 이겨 내고 참아야만 하니, 그야말로 지성의 길은 멀고도 험하다.

다행히 나는 어린 시절 수많은 야만을 경험하며 강해졌다. 지금은 움베르토 에코의 저서 《바보들에게 웃으면서 화내는 방법》의 내용처럼 세상을 관조할 수 있게 됐다. 하긴, 이 나이 먹고도 흥분하고 이성을 잃는다면 그것도 문제일 테지만.

나는 삶을 통해 사람의 가치에 대해 근본적인 의문을 품었다. 사람을 쓸모로만 판단해야 하는 걸까? 그 자체로 존재하는 것에 의미가 있지는 않을까?

실용적인 관점에서 보면 꽃은 정말 쓸데없는 것일 수도 있다. 그런데 왜 세상에 쓸모 있는 것들만 있어야 하는가? 아름다운 꽃을 볼 때 마음이 평온해지고 행복해지지 않는가. 꽃은 그러라고 있는 것이 아닌가 말이다.

  사람도 그렇다. 쓸모와 실용을 떠나 그 자체로 소중한 존재다. 장애가 있고 없고는 꽃의 색깔 크기 정도라고 생각한다. 꽃은 그저 꽃일 뿐이다. 나는 꽃다발을 받아서 돌아가는 날이면 고속도로 톨게이트 수금원에게 깜짝 선물로 전해 준다. 그러면 내게 푸대접받은 꽃다발에 기쁨과 웃음이라는 부가 가치가 생긴다. 건네주는 나 역시 행복해진다. 야만은 이렇게 이타적 행동으로 덮이고 사라지는 것이다.

오만과 편견, 아니 차별과 편견

장애인도 영화를 볼 수 있다. 나도 가끔 영화를 보러 영화관에 간다. 다만 맨 앞자리에서 봐야 한다. 계단을 올라갈 수 없기 때문이다. 한번은 뮤지컬 영화 〈레 미제라블〉을 보러 갔다가 목이 부러지는 줄 알았다. 저렇게 큰 화면을 코앞에서 목을 젖히고 봐야 하다니! 그런데 장애인석은 꼭 그런 곳에 있었다. 우리에게 한 번도 물어보지 않고서 무심코 '장애인은 계단을 못 올라가니 맨 앞자리를 장애인석으로 만들면 되겠지'라고 단순하게 생각한 것 아닐까?

반대의 경우도 있다. 뮤지컬을 보러 갔더니 맨 꼭대기, 그러니까 맨 뒷자리에 장애인석이라고 휠체어가 들어갈 수 있게 의자를 빼놓은 공간이 있었다. 그곳에서 관람해 보니 배우들의 섬세한 얼굴 표정이나 동작이 도무지 제대로 보이질 않았다. 좋은 자리에 가서 보고 싶었지만 내려갈 수 없었다.

그러면 도대체 앞으로 가겠다는 거냐, 뒤로 가겠다는 거냐 물어보고 싶을 것이다. 그렇다. 물어봐 주면 정말 좋겠다. 아무도 물어보지 않기에 차별이 시작되는 것이다. 도대체 의사를 물어봐 주지 않는 데서, '알아서 배려한다'라는 데서 장애인 차별이 발생한다. 그러다 보면 장애인에 대해 알지 못하게 되고, 그로 인해 본의 아닌 상처를 준다.

한번은 강연하러 가서 식사를 하며 나를 초청한 공무원과 이런저런 이야기를 나눴다. 내가 결혼했다고 말하자 그는 깜짝 놀라 뒤로 물러앉았다. 하반신을 전혀 못 써 휠체어에 앉아 있는 내가 결혼했으리라고는 상상도 못 한 것이다.

"왜 놀라셨어요? 애도 셋이나 낳았는데요."

그는 더 놀랐다. 나는 어이가 없어 빈껍데기처럼 웃었다. 세상이 이렇다. 그러니 더욱더 열심히 나의 모습을 보여 주고, 나의 생각을 알려야 하지 않겠는가.

비슷한 예는 너무나 많다. 가끔 지방에서 강연 요청을 받으면 기차가 닿지 않는 애매한 거리는 승용차를 직접 운전해서 간다. 학교에 도착해 나와서 트렁크에서 휠체어를 꺼내 달라고 전화를 걸면, 이렇게 반문한다.

"같이 오신 분은 안 계세요?"

나 혼자 운전해 왔다고 하면 허둥지둥 달려와 휠체어를 꺼내 밀어 주면서 묻는다.

"아니, 어떻게 혼자 오세요? 매니저나 누구 동행자 있으셔야죠."

이런 생각도 편견이다. 그들은 모른다. 장애인이 누구와 함께 다닐 때 얼마나 동행자를 신경 쓰고 그의 눈치를 보는지. 겉으로 볼 때 비장애인이 장애인을 배려하는 것 같지만 사실 장애인도 동행자를 신경 쓰고 배려한다.

혼자 기차를 타도 마찬가지다. 어떻게 기차를 타고 부산까지 오냐는 거다. 어떻게 못 간단 말인가. 차를 운전해 서울역까지 가서 주차하고, 역으로 들어가 역무원들의 도움을 받아 기차에 오른다. 내 자리에 앉아 있으면 역무원이 목적지까지 데려다준다. 그런 것을 알지 못할 뿐만 아니라 물어보려고도, 알려고도 하지 않기 때문에 편견이 생긴다.

사람들은 내가 박사학위를 받았다는 것에 놀라고 우리나라에서 가장 많이 책을 냈다는 것에 놀란다. 장애인은 아무것도 못한다는 고정관념에서 비롯한 차별이다. 가끔 친구들과 밥을 먹고 내가 지갑을 열어 계산하면 놀라는 식당 주인도 있다. 장애인은 가난하리라는 편견 탓이다. 그러면 친구들이 웃으며 말한다.

"이 친구가 제일 돈 많아요. 이 친구 잘나가요."

친구들은 나를 장애인으로 보지 않지만 사회에서 나는 여전히 '누군가의 도움을 받아야 하는 장애인'일 뿐이다.

스스로 남을 차별하지 않는다고 생각하는 사람들이 있다. 과연 그럴까? 집을 지으면서 계단을 잔뜩 만들어 놓는다거나 가게를 운영하며 장애인이 들어가기 힘든 문턱을 만드는 것, 장애인이 들어갈 수 없을 정도로 화장실 문을 좁게 만드는 것, 식당에서 테이블을 많이 넣어 사람 한 명이 간신히 지나가게 통로를 만드는 것. 이 모든 것이 비장애인의 기준에 맞춰 놓은 차별이다. 장애인이 돼 보지 않으면 직접 느낄 수 없는 탓이다.

라스베이거스에서 쇼를 보러 간 적이 있다. 담당자가 나에게 물었다.

"뒷자리가 좋으세요, 앞자리가 좋으세요?"

"앞자리가 좋지만 계단밖에 없네요."

그들은 걱정하지 말라며 직원들 통로로 쇼의 가장 화려한 장면을 볼 수 있는 맨 앞 특별석으로 나를 안내했다. 얼마나 생생하게 그 쇼를 봤던지 지금도 감동의 물결이 인다. 이처럼 물어봐 주는 것은 차별을 근절하는 행동이다.

어린 시절 나는 밖에 나갔다가 돌아오면 언제든 또 나가기 위해 현관에 목발을 가지런히 기대어 세워 놨다. 그런데 가끔 주말에 손님이 온다고 하면 아버지가 신발을 정리한 뒤 내 목발을 저만치 안 보이는 구석으로 치웠다. 처음엔 이러한 아버지의 행동이 무척 섭섭했다.

'아들이 장애인인 게 부끄러우신가? 나를 숨기고 싶은 건가? 왜 내 목발을 치우지? 왜 당당하게 두지 못하는 걸까? 나는 부모에게조차 인정받지 못한 아들인가?'

수많은 의문과 회의와 상념이 떠돌았지만 아버지에게 말

은 하지 않았다. 아버지도 생각이 있으리라 믿었기 때문이다.

 지금 생각해 보니 아버지가 내 목발을 치운 것은 나를 차별해서도, 부끄러워서도 아닌 듯하다. 손님이 오면 질문을 할 테고, 이에 대답하는 것이 귀찮았거나 내게 질문이 돌아오면 내가 위축될 거라고 생각한 것이리라. 그럼에도 나는 그 순간을 기억하고 있다. 그때 아버지에게 받은 상처가 아직도 흔적이 남아 있기 때문이다. 아버지도 내게 한 마디만 물었더라면 얼마나 좋았을까?

그래도 나나 되니까

✧

학창 시절 나는 너무 도드라진 존재였다. 장애 탓에 체육 수업도 받지 못했고 운동장 조회나 단체 활동에 한 번도 참여하지 못했다. 단체 활동에 끼지 못해 느끼는 소외감은 나에게 가장 큰 안타까움이자 상처였다. 모든 게 내 탓인 것만 같아 '왜 나에게만 장애가 생겼을까' 하는 생각에 우울해했다.

 나는 이동할 때 주로 목발을 짚었는데 그러다 보니 자주 넘어져 몸 여기저기에 상처가 많았다. 물론 나중에는 익숙해져서 넘어질 때면 나름대로 낙법을 사용해 몸을 지켰지만 예기치 못할 때는 어쩔 수 없었다. 하루는 하굣길에 목발이 돌부리에 걸려 넘어졌다. 손쓸 틈도 없이 넘어지면서 담벼락의 시멘트 모서리에 팔이 쓸렸다. 약 3센티 정도 피부가 쓸리면서 피가 흘렀다.

 이때의 감상은 그저 '아, 상처가 났구나. 집에 가서 처치해야지'였다. 피가 흐르니 보통 사람이라면 놀랐을 테지만 나는 하도 많이 넘어지다 보니 이 정도 상처는 놀랄 만한 일도 아니었고 아픈 축에도 끼지 않았다. 집에 와서 보니 다행히 깊이 파이기보다는 넓게 벗겨진 상처였다. 피와 진물을 닦아낸 뒤 소독약을 바르고 붕대를 감았다. 숙련된 솜씨로 며칠 관리하다 보니 상처가 흉지지 않고 사라져 있었다.

 장애인으로 살다 보면 예상치 못하게 마음의 상처를 입을 때가 많다. 친구들이 모여 놀고 있다기에 나도 가고 싶다고 했을 때 '여기는 계단이 많아서 너 못 오니까 다음에 만나자'라는 답을 받으면 정말 속상했다. 공공장소에서 일면식도 없는 사람이 불쌍하다는 시선으로 보다가 '어쩌다 그렇게 됐어요?'라고 물어 오는 경우도, 가족과 여행을 갈라쳐도 휠체어로 다니기 힘든 곳이라며 입장을 제한하는 관광지도 있었다. 대학교 신입생 때는 이런 일도 겪었다.

1980년 나는 대학생이 된다는 해방감을 느끼며 입학식에 갔다. 사복을 입고 다닐 수 있었고 두발도 자유로웠기 때문이다. 대학에는 다양한 사람이 모여 있었고, 이 안에서 목발을 짚어야 하는 장애를 가진 내가 크게 튀지 않는다는 생각에 위안을 얻었다. 수업도 원하는 것을 골라 들을 수 있다니 정말 양쪽 겨드랑이에서 날개가 돋는 느낌이었다.

그러나 이 날개는 입학식 날 무참히 꺾였다. 안내에 따라 나는 문과대학 국문과의 줄에 서 있었다. 내 앞뒤로 선 같은 과 신입생들이 잔디가 깔린 광장을 가득 채웠다. 총장님의 인사와 식순이 이어질 동안 목발을 짚고 버텨야만 했다. 3월 초봄인데도 온몸에 땀이 삐질삐질 솟았다. 드디어 행사가 끝나고 교직원이 마이크를 잡더니 말했다.

"여러분, 오랫동안 서 있느라 고생하셨습니다. 모두 편하게 자리에 쪼그려 앉으세요. 그 사이에 저희가 교과서를 나눠 드리겠습니다."

그러자 수천 명의 신입생이 동시에 잔디 광장에 쪼그리고 앉았다. 앉을 수 없는 단 한 명만 외딴섬처럼 서 있었다. 바로 나였다. 목발을 짚고 있었기에 앉으면 다시 일어설 수 없었다.

그 순간 나는 다시금 나락으로 떨어지는 느낌이었다.

'아, 이렇게 대학에서도 또 사람들이 구경하는 동물원 원숭이가 돼야 하는구나.'

주저앉을 수도 없는 노릇이라 이를 악물고 서 있었다. 마치 광야에 홀로 서서 독립을 외치던 독립투사가 된 기분이었다.

앞으로 넘어지지 않으면 좋겠지만 이는 불가능하다. 복발을 짚는 한 계속 넘어질 수밖에 없으니 말이다. 부지불식간에 생기는 상처 역시 아무리 조심해도 막지 못한다. 덕분에 상처보다 회복에 집중하는 버릇이 생겼다. 상처를 받고 아물기를 수없이 반복했기 때문이다.

마음의 상처도 마찬가지다. 이미 상처가 생겨 버렸다면 필요한 것은 '왜 하필 나만 상처 입었을까?' 하는 자책이 아니라 '나나 되니까 이 정도만 다쳤지'라는 위안이다. 왜 하필 내가 다쳤는지 고민해도 다치기 이전으로 돌아갈 수는 없다. 그러니 이왕 다치고 상처 입었다면 차라리 '나나 되니까' 이 삶의 고통 견뎌 내는 거라고 씩씩해져 보면 어떨까?

꼬장꼬장한 이메일주소

✧

대학생 시절 내 별명은 '꼬장'이었다. '꼬장 부리다'라는 말의 사전적 의미는 다소 부정적이다. '상대방을 방해하기 위해 심술을 부린다'라는 뜻으로, 일부 지역에서는 고자질을 의미하는 사투리로 사용되기도 한단다. 내게 들어맞는 '꼬장'은 '꼬장꼬장하다'라는 말에서 온 듯하다. '성미가 곧고 결백해 남의 말을 잘 듣지 않거나 고집이 세고 융통성이 없다'라는 뜻이다.

젊어서 이런 별명을 갖게 된 것은 잘 삐치고 신경질적이었기 때문이다. 가만히 생각해 보면 마음에 들지 않으면 판을 엎어 버리거나, 약속 시간에 늦는다고 기다리다 가 버리거나 모임 중간에 나와 버리는 일이 종종 있었다. 아니면 고개를 저으며 "다 필요 없어. 없던 걸로 해" 같은 말을 자주 하곤 했다. 그러니 동료와 친구들은 나를 보고 '꼬장 부린다'라고 했고, 결국 내 별명은 '꼬장'이 됐다.

살다 보면 뜻대로 안 되는 경우가 많다. 그럴 때는 어느 정도 타협하고 수그러드는 것이 일반적인데 나는 그렇지 못했다. 참다가 결국 성질을 부리고 마는 것이다. 가장 대표적인 사건이 대학교 3학년 때의 일이다.

그때 나는 과 대표였다. 사실 더 일찍 하고 싶었지만 한 학기에 한 명씩 번갈아 가며 하다 보니 3학년이 돼서야 내 차례가 됐다. 나는 의욕이 넘쳤다. 우리 과 20여 명이 항상 단결해야 하고, 한마음이어야 한다고 생각했다.

종강 파티를 준비하던 때였다. 학교 앞 식당을 예약하고 마지막으로 동기들끼리 얼굴도 보고, 술도 한잔하면서 즐겁게 종강을 기념하고 싶었기에 '전원 참석'이라는 기준을 내걸었다. 그런데 여학생들이 남학생들이 술을 마시고 취하는 모습을 더 이상 보고 싶지 않다며 불참을 통보한 것이 아닌가. 나는 학우들의 단합된 모습을 기대했지만 그것이 무너질 상황이 되자 더 이상 분을 참지 못했다.

"종강 파티고 뭐고 다 집어치워!"

화를 내며 짚고 다니던 목발로 강의실 유리창을 깨 버렸다. 여학생들은 비명을 지르고 난리가 났다. 언제 떠올려도 참 부끄러운 일이지만 그때의 나는 욱하는 감정을 참지 못했다. 동생들을 괴롭히기도 했고 분노를 표출하는 일이 잦았다. 나는 그대로 씩씩대며 다음 수업 장소로 가 버렸다.

그날 강의가 끝나자 선배들이 나를 호출했다. 학교 앞 술집에 가 보니 복학한 선배 몇 명이 근엄한 표정으로 앉아 있었다. 내가 들어서자 선배들은 나를 좋은 말로 타일렀다.

"애들이 안 따라와도 리더라면 그래선 안 되는 거야."

미안한 감정도 들었지만 이렇게 노력하는데도 알아 주지 않는 듯한 동기들과 선배들의 반응은 내 열정에 찬물을 끼얹었다. 세상과 사람들에게 너무 억울한 마음이 들었다.

돌이켜 보면 나는 미숙한 사고방식으로 지나친 강박관념을 갖고 있었다. '안 되면 되게 하라'는 마인드로 사셨던 아버지의 영향도 있겠지만 무엇이든 잘해 보고 싶고 모두가 단결

했으면 하는 마음을 가진, 세상 경험 없는 젊은 혈기였다.

　나중에야 깨달았다. 리더는 자신이 1등을 하는 자가 아닌 전체를 1등으로 만드는 자라는 사실을. 구성원들이 따라오지 못하고, 능력이 안 된다면 그 또한 받아들일 줄 알아야 한다는 점도…. 그 상태에서 할 수 있는 것을 도모하는 자가 진정한 리더였다. 당시의 나는 그 모든 것이 내 책임이었음을 알지 못했다. 그러다 보니 '꼬장'이라는 별명을 갖게 됐다.

　자녀 중 막내딸이 나와 성격이 상당히 비슷하다. 자기가 바라고 원했던 것이 되지 않으면 얼굴에 티가 날 정도로 삐치고 불만을 드러낸다. 그런 딸에게 자주 이야기한다.

　"분하고 뜻대로 되지 않더라도 상대방이 그럴 수 있음을 인정해야 해. '그럴 수 있어'라고 세 번 정도 말해 봐."

　딸도 자기 문제점을 알았는지 고개를 끄덕였다. 어쩌겠는가. 내게서 흘러간 유전자가 그런 것을.

　이제는 꼬장을 부리지 않으려고 마음 수양을 하고 있지만 여전히 꼬장의 흔적이 남아 있다. 인터넷이 보급되고 이메일이 생길 때, 아이디를 '꼬장(kkojang)'으로 등록하려 했다. 그런데 이미 누군가가 그 아이디를 사용하고 있었다. 한 번 더 꼬장을 부렸다. 앞에 '킹(king)'을 붙여 버린 것이다. 그래서 내 이메일주소는 지금도 '킹꼬장(kingkkojang@hanmail.net)'이다.

처음 보는 사람들은 깜짝 놀라고는 '대단한 이메일주소'라며 웃는다. 내가 이메일주소를 볼 때마다 마음 수양을 하기 위해, 경각심을 갖기 위해 그렇게 정했다는 것을 아는 사람은 별로 없다.

행복의 기준

SNS에 책 홍보 사진을 올리고 다른 콘텐츠를 보는데 한 카드뉴스가 눈에 들어왔다. '10억 원을 마련하려면 어떻게 해야 하는가?'를 주제로 20대부터 얼마를 투자해야 하며, 이런저런 방법이 좋다고 소개하는 내용이었다.

그렇지 않아도 요즘 '파이어 운동'이니, '파이어족'이니 하는 이야기가 신문에서도, 뉴스나 유튜브 영상에서도 많이 보였다. 찾아보니 경제적 자립을 이뤄 40대 전후에 직장을 그만두겠다는 운동을 파이어 운동, 그렇게 조기 은퇴한 이들을 파이어족이라 한단다. 파이어족이 되려면 최소 자산 10억이 있어야 하는데, 그래야 평생 1년에 3,000만 원의 일정한 수입을 얻을 수 있다고 했다. SNS에서 떠도는 카드뉴스는 이를 위한 재테크 방법들이었던 것이다.

'40대 전후에 조기 은퇴한다'라는 말은 '그 이후로는 일을 하지 않겠다'라는 것과 같다. 일찍 부자가 돼 회사에서 탈출하겠다는 의지가 느껴진다. 그런데 파이어족이 됐다는 이들이 어떻게 살고 있는지 찾아보니 많은 이가 안정적인 생활을 위해 다시 회사로 돌아갔다는 내용을 담은 기사가 많았다.

내가 학교 다닐 때는 학생 군사훈련, 이른바 교련이라는 과목이 있었다. 수업 시작 전 운동장에 모이면 가장 끝에 있는 친구가 "기준!"이라고 외쳤다. 그러면 그 아이를 중심으로 다른 아이들도 가로세로로 일정 거리를 벌렸고 그렇게 전체 학생이 균일하게 줄을 맞춰 섰다.

모든 일이 마찬가지다. 일단 기준이 명확히 정해져야 그다음의 행동이 이어질 수 있다. 글을 쓸 때도 초등학교 저학년용이냐, 중학년용이냐, 고학년용이냐에 따라 표현이나 그림, 문장이 달라진다. 내용도 기준에 맞춰 쉽게 또는 어렵게 쓸 수 있다.

우리 삶도 예외가 아니다. 이 우주에서 나와 똑같은 존재는 없다. 옷을 맞춰도 내 몸에 맞는 사이즈로 입어야 하고, 음식을 주문해도 내가 먹을 수 있는 만큼만 먹어야 한다. 꿈과 직장도 내 기준에 맞춰 가져야 한다. 내가 정말 하고 싶은 것, 내가 정말 바라는 것을 남의 것과 혼동하지 않고 기준을 잘 세우는 것이 중요하다. 그래야 비로소 만족과 함께 행복이 온다.

요즘은 어릴 때부터 자신의 기준과 남의 기준을 혼동하는 사람이 너무나 많다. 강연에 가서 꿈이 무엇인지 물으면 이렇게 대답하는 학생이 여럿 보인다.

"돈 많은 백수요."

어떻게 돈을 벌 거냐고 물어보면 아주 낭당하게 로또를 사서 벌겠다고 하거나 건물주가 되겠다고 한다.

SNS와 방송 프로그램, 드라마에는 부자들이 화려한 삶을 사는 모습이 많이 나온다. 어려서부터 이런 콘텐츠를 접하니 돈이 너무 많아서 아무것도 하지 않고 사는 삶을, 건물을 소유해 임대료를 받으며 사는 삶을 행복하다고 믿고 부자가 되는 것을 기준으로 삼는 것이다. 자신이 진정 잘하고 원하는 것이 무엇인지 깨닫지 못한 채 말이다. 성인이 돼 현실을 직시했을 때 얼마나 큰 낭패감과 패배감을 느낄 것인가.

나 역시 어린 시절에는 남의 기준에 나를 맞추려 애쓴 적이 있다.

"의사란 직업이 가만히 병원에 앉아서 환자나 진찰하고 처방전 써 주는 거 보니까 네게 딱이다!"

의대 공부를 하기에 내 여건이 매우 적합하지 않다는 사실을 모르고 부모님이 세운 기준이었다. 이후 새로운 꿈을 찾아 국문과에 진학하고 나서는 '65세까지 안정적으로 월급받으면서 존경까지 받을 수 있다니, 교수가 돼야겠다'라고 생각했다.

나는 1993년에 박사학위를 받았는데 그때가 서른이 넘은 나이였다. 장애로 인해 교수 임용이 번번이 좌절되자 미래에 대한 불안감도 컸다. 뒤늦게 알았다. 내가 원하는 일이 바로 두뇌를 써서 창의적인 이야기를 만들어 내는 것이라는 걸. 남들보다 가진 게 없을 수 있지만 그것만큼은 누구보다 잘할 수 있는 내 삶의 기준이었다.

그 결과 45년째 글을 쓰고 있으며 작가로서 인정받은 지도

35년이 지났다. 큰 과오 없이 글쓰기를 통해 가족을 부양했고 내 자아를 완성했다. 나만의 기준을 찾는다는 것이 이렇게 중요하면서 힘이 세다. 어쩌면 그리도 원하던 경제적 자립을 이뤘지만 다시 직장으로 돌아간 이들은 자신의 기준이 아닌 남의 기준을 목표로 삼았기 때문이 아닐까.

예상치 못한 소식

제주도 B 호텔 사장에게 만나 보고 싶다는 연락을 받아 강연하러 갔을 때 그 호텔에 머무른 적이 있다. 함께 식사를 하며 이것저것 물어봤는데 그중 가장 궁금했던 점은 면접에서 직원을 선발하는 방법이었다. 주로 지원자를 압박하는 질문을 던지겠거니 했던 예상과 달리 그는 이렇게 묻는다고 했다.

"전 직장에서 가장 잘한 일이 뭐죠? 특기가 있나요? 한번 보여 줄 수 있나요?"

이렇게 질문하면 긴장감으로 팽팽하던 면접장 분위기가 부드러워져 면접자들의 말투와 행동거지가 자연스러워지고 자신의 능력을 마음껏 펼쳐 보인다고 했다. 힘들여 뽑은 직원이 다른 곳으로 연봉이 더 높은 곳으로 이직을 희망할 경우에는 어떻게 하는지도 묻자 그는 이렇게 말했다.

"제주도같이 좁은 곳에서는 호텔 경영자들끼리 다 압니다. 그래서 우리 호텔에서 꼭 필요한 사람이 몰래 다른 호텔 면접을 보면 저희에게 연락이 와요. 이 직원을 뽑아도 되느냐고 묻는 거죠. 그곳에 가서 역량을 발휘하지 못할 사람이라고 판단하면 그 직원은 뽑지 말아 달라고 부탁합니다."

나는 깜짝 놀라 이렇게 물었다.

"정말요? 그럼 부득이하게 다른 곳으로 꼭 가야만 하는 직원은요?"

"반대로 그 직원이 정말 그곳에 가야 하는 사정이 있다면 떨어뜨리지 말고 뽑아 달라고 이야기해 줍니다. 예를 들어 집안 형편이 어렵다거나 그곳에서 일하는 것이 너 발전될 기회가 된다면 적극 추천하지요."

내가 발을 딛고 있는 곳에서 필요한 사람이 되면, 결국 기회가 찾아온다는 이야기였다.

태어나고 자라서 어른이 돼 늙으면 이 세상을 떠나는 과정은 모든 사람이 똑같이 경험한다. 씨앗이 땅에 떨어져 싹을

티우고 꽃을 피운 뒤, 열매를 맺고 시들어 가는 것과 같다. 그래서 옛 현인들은 한 번뿐인 인생 열심히 살라고 했고, 나도 이에 동의하는 바다.

그렇다면 열심히 산다는 것은 무엇일까? 고민이 아닐 수 없다. 사람이라면 누구나 죽는 날까지 이런 고민을 하며 살 것이다. 소신껏 말하자면 나는 '자신이 옳다고 생각하는 방향으로 신념을 가지고 사는 것'이라고 생각한다. 결과가 좋으면 정답인 거고, 결과가 나쁘다면 정답이 아니라는 것을 알았으니 방향을 틀면 된다. 어느 쪽도 손해는 아니다. 단지 후자라면 정답을 찾기까지 조금 시간이 걸릴 뿐이다.

나는 주로 장애를 소재로 글을 쓴다. 장애에 대한 사회적 편견과 오해를 줄이고, 소수자도 행복한 사회를 만들고 싶기 때문이다.

2024년 10월 우리나라는 한강 작가의 노벨문학상 수상으로 떠들썩했다. 솔직히 같은 작가의 입장에서 부러웠다. 저렇게 인정을 받는다면 얼마나 좋을까? 하지만 부러움도 잠시, 애초에 나는 사람들이 내가 글을 쓴 의도를 알아 주기를 바랐을 뿐 외부적인 영광을 꿈꾸며 글을 쓰는 사람이 아니었으니 그저 묵묵히 나의 길을 가자고 생각했다. '분수를 지키며 사는 것도 또한 멋진 일 아닌가' 하면서 말이다. 그런데 일주일 뒤 스웨덴에서 이메일이 한 통 날아왔다.

귀하가 2025년 아스트리드 린드그렌 추모상(ALMA) 후보가 되었음을 알려 드립니다.

'아동문학계의 노벨상'으로 불리는 ALMA의 후보가 됐다는 놀라운 소식이었다. 누가 나를 추천했는지도 몰라 더욱 믿을 수 없었다. 얼떨떨한 기분 끝에 깨달았다. 세상에는 눈 밝은 자가 있어 지켜보고 있음을. 흥분을 가라앉히고 조용히 말했다.

"그래, 나의 길이 맞았고 내 생각이 옳았던 거야."

내가 옳다고 생각한 방향대로 사는 것은 고독하지만 그 끝이 결코 막다른 길은 아니다. 언젠가는 오답이 정답으로 바뀔 테니까.

헬렌 켈러와 나

사필귀정(事必歸正)이라는 말이 있다. '모든 일은 반드시 바르게 돌아간다'라는 뜻이다. 작가가 된 지금에서야 돌이켜 보면 나는 어려서부터 책을 많이 읽고 글쓰기를 좋아했다. 결국 작가가 돼야 할 숙명이 아니었을까? 물론 만에 하나 장애가 없어서 원래 목표했던 의사가 됐어도 환자들을 잘 돌보려 노력했을 것이다. 돼 본 적이 없으니 가정일 뿐이지만.

 작가가 된 것을 후회하지 않는다. 너무나 보람차 나의 영웅인 헬렌 켈러의 기쁨이 무엇인지 격하게 공감할 수 있을 정도다.

 헬렌도 선생님 앤 설리번에게 글을 배우면서 빠른 속도로 책을 읽고 점자를 익혀 지적으로 크게 성장했다. 설리번은 항상 헬렌의 눈과 귀가 돼 그녀가 알고 싶어 하는 지식을 습득할 수 있도록 도왔다. 《톰 소여의 모험》을 쓴 마크 트웨인과 전화기를 발명한 벨 박사도 이 세상 모든 것을 알고 싶어 한 헬렌을 이끌어 줬다.

성장한 헬렌은 대학에 진학하기를 원했고 1900년 하버드대 부설 여자대학인 래드클리프대학에 입학했다. 같은 시기 우리나라는 갑오경장으로 겨우 신분 제도가 철폐된 때였으니 당시 여성이 대학을 다닌 것이 얼마나 대단한 일이었는지 알 수 있다.

헬렌은 여성과 장애라는 사회적 장애물 두 개를 뛰어넘어 자신의 꿈을 이루고야 말겠다고 생각했다. 다른 이들과 달리 헬렌은 5년 동안 대학을 다니려고 했는데 한 해를 다니고 나자 3년만 다녀도 될 정도로 뛰어난 실력을 발휘했다.

점자 교재가 없는 강의에서는 설리번이 헬렌의 옆에서 손가락으로 알파벳을 표기하는 방식인 지화로 수업 내용을 전달해 줬다. 헬렌은 뛰어난 학생이었고 특히 영어와 독일어 성적이 아주 우수했다고 한다. 영어 과목은 하버드와 래드클리프를 통틀어서 헬렌보다 성적이 좋은 사람이 없을 정도였다.

하지만 헬렌의 대학 생활은 평탄하지 않았다. 첫 시험에서 A 학점을 받자 설리번이 헬렌의 시험문제를 풀어 줬다는 낭설이 돌았고, 학교 측에서는 다음 시험 때는 설리번 없이 헬렌 혼자 감독관과 통역사 앞에서 시험을 쳐야 한다고 통보했다. 헬렌은 모욕을 견디며 조건대로 시험을 쳤고 지난번과 같이 A 학점을 받아 그들의 편견을 깨고 자신을 증명했다.

헬렌은 대학 생활을 하는 동안 열심히 글을 썼다. 실력도 실력이었지만 도와주는 사람이 많았던 덕분에 그녀의 글은 금방 주변으로 퍼져 큰 감동을 선사했다. 사람들에게 장애가 어떤 것인지 알리고 장애인의 삶이 이럴 수 있다는 것을 보여 준 것이다.

대부분은 보지도 듣지도 못하는 헬렌이 훌륭한 글을 쓴다는 사실을 믿지 않았지만 나는 이렇게 생각한다. 비록 어둠 속에 있을지라도 헬렌의 꿈만은 지구상의 그 어떠한 정신세계보다도 높게 하늘을 날았다고.

헬렌의 글, 이를테면 《사흘만 볼 수 있다면》 등이 널리 읽히는 베스트셀러가 된 데는 설리번의 역할이 매우 컸다. 요점을 잘 정리해 알려 주는 설리번 덕분에 헬렌이 자연스럽게 핵심만을 추려 이해하고 기억하는 능력을 키울 수 있었기 때문이다.

여기에 헬렌은 고심해 글을 여러 번 고쳤다. 주변 사람들의 의견과 조언을 받아들여 끊임없이 성장하려 노력했고, 그 결과 헬렌과 그녀의 글이 사람들의 사랑을 받게 된 것이다.

헬렌 켈러가 내 영웅인 이유다. 나도 헬렌처럼 되고 싶고 그렇게 되는 것이 나의 의무라고 생각한다. 헬렌이 그랬고 내가 그렇듯 사람은 혼자서는 살 수 없다. 새장에 갇힐 뻔한 상처 입은 새가 도움을 받아 세상으로 나와 날게 된 과정을 보여 줄 수 있다는 사실에 가슴이 뛴다.

사랑

상처를 치유하는 단어

포클레인과 무게추의 관계

어렸을 때 처음 본 포클레인, 표준어로는 굴착기로 부르는 기계의 등장은 정말 대단했다. 과거에는 도로를 내거나 땅을 팔 때 수많은 인부가 개미 떼처럼 달라붙어 직접 흙을 퍼냈다. 그러다 포클레인이 등장하자 그것이 작동하는 모습 자체가 커다란 구경거리가 됐다.

나를 포함한 까까머리 소년들은 포클레인이 한 번에 수백 삽도 더 될 분량의 흙을 퍼 올리는 것을 보고 경악하지 않을 수 없었다. 어릴 적 만화에서 본 철인 28호나 마징가 Z와 비슷한 능력과 힘을 가진 존재 같았다. 오죽하면 '새발의 피'라는 속담을 이르는 현대판 우스개로 '포클레인 앞에서 삽질하느냐'는 말까지 나왔을까.

그런데 포클레인이 나타나면서부터 공사장에서 인부의 수가 눈에 띄게 줄어들었다. 해외여행을 가서 본 공사장에서도 마찬가지였다. 대부분 기계와 장비들이 움직이다가 어느 순간 공사가 끝나 있었는데 그 중심에는 늘 포클레인이 있었다. 포클레인은 땅을 파고 흙을 옮기고 돌을 굴리는 일을 모두 해낸다. 단 하나의 팔과 갈고리 달린 바가지, 무한궤도 덕분에 말이다.

포클레인의 조종석 공간은 매우 좁다. 간신히 한 사람만 들어가 기계를 조작할 수 있을 정도로 협소한데 엔진 룸은 훨씬 넓다. 그래서 한때 포클레인의 힘이 엔진에서만 나온다고 생각했다. 나중에야 엔진뿐만 아니라 엔진을 받치는 커다란 구조 장치의 역할, 즉 무게중심을 잡는 것이 포클레인이 거대한 돌을 들어 올리고 땅을 파는 데 엄청나게 중요하다는 사실을 알았다.

가끔 엄청난 일을 해내는 사람들을 본다. 책에서 만난 위인이나 영웅들은 물론 내 주변의 놀라운 능력과 성실함을 가진 친구들에게도 무거운 '무게추'가 있음을 안다.

'미국 문학의 아버지'로 불리며 미국 문학사의 큰 축을 담당하는 마크 트웨인은 풍자와 해학을 다룬 유머 작가이자 강연자이며 나의 롤 모델이다. 그는 위대한 인물들이 흔히 그러하듯 가난한 어린 시절을 보냈다. 아버지가 일찍 세상을 떠나면서 학교를 중퇴해 인쇄소에서 일했고 청년이 돼서는 미시시피강 증기선의 도선사로도 일했다.

트웨인은 남북전쟁 후 저널리스트와 유머 작가로 활동하며 명성을 얻었다. 그의 글은 재치와 풍자가 넘쳤으며 당시 미국 사회의 부조리와 문제를 날카롭게 비판하면서 탐욕으로 얼룩진 미국 정치를 비판했다. 하지만 화려한 성공도 잠시, 곧 끊임없는 경제적 어려움이 따라왔다. 사업 실패와 투자 손실로 막대한 빚을 떠안았기 때문이다. 그는 전 세계를 돌아다니면서 강연으로 돈을 벌어 빚을 갚았다.

트웨인의 후반기 삶은 비극적인 사건들로 얼룩졌다. 사랑하는 아내와 세 딸을 잃었고 우울증에 시달렸다. 그는 이 힘든 상황에서도 끝까지 글쓰기를 멈추지 않았는데, 이 아픔이 그의 글을 더욱 깊고 성숙해지게 만들었다. 아이러니하지만 마크 트웨인은 상실을 통해 미국의 국민적 영웅으로 존경

받을 수 있었고 그의 문학은 전 세계에 영향을 미쳤다.

그는 인간의 약점과 사회의 부조리를 비판하면서도 따뜻한 인간애를 잃지 않은 작가였다. 《톰 소여의 모험》, 《왕자와 거지》 등 그의 작품들은 지금도 여전히 읽히며 현대 독자들에게 깊은 공감을 준다.

내 대학 친구 한 명은 이혼 후 두 자녀를 부양하며 꿋꿋이 살아가고 있다. 그 두 자녀, 자식들이 바로 그 친구의 무게추인 셈이다. 그런데 또 다른 친구는 결혼도 하지 않은 채 부모님을 봉양하며 홀로 늙어 가고 있다. 씁쓸하지만 힘을 주는 대상이 때로 무거운 짐과 상처가 되곤 한다.

나 역시도 여러 무게를 짊어지고 살아간다. 치매가 심한 어머니를 형제들과 번갈아 돌보고 있고, 장남으로서 모든 문제를 책임져야 한다는 부담감도 느낀다. 어머니는 몸에 피부암인 흑색종으로 의심되는 검은 반점이 생겼을 때 치료받기를 거부했다. 우리 남매는 어머니 몰래 모여 논의 끝에 어머니가 남은 생을 행복하게 보낼 수 있도록 치료를 강제하지 않기로 결론지었다. 이때 어머니는 내게 가장 큰 무게추였다.

암이 의심되는 증상이 나타났는데도 병원을 거부하는 어머니를 앞에 두고 어떤 결정을 해야 한단 말인가.

삶에서 무게를 견디지 못하면 넘어져 일어설 수 없다. 우리는 무게추 덕분에 아침에 눈을 떠 일어나고, 힘들어도 앞으로 나아갈 수 있다. 출퇴근길에 바쁘게 걸어가는 사람들의 발걸음 뒤에는 가족, 형제, 친구, 부모, 자식이라는 무게추가 있다. 그 무게가 삶의 중심을 잡아 준다.

우리는 모두 작지만 강력한 포클레인이다. 삶의 무게를 짊어지고 길을 만들며 나아가는 포클레인 말이다.

가방 들어 주는 가족

✧

 지인들과 대화하다 보면 가족 때문에 힘들고 어렵다는 이야기가 나올 때가 있다. 가족 때문에 미치겠다며 고민을 토로하기도 하고, 심지어는 가족이 없었으면 좋겠다는 말도 한다. 아주 이해하지 못할 바는 아니다. 가족 간 갈등의 흔한 소재가 이런 것이다.

 아버지나 어머니는 가족을 위해 돈을 벌다 보니 집에 있는 시간이 별로 없다. 자녀들은 함께하는 시간이 적으니 부모님이 가정에 소홀한 것 같다고 서운함을 토로한다. 이에 부모님은 너희를 위해 열심히 일하고 있는데 왜 이해해 주지 않느냐고 묻는 거다. 그러다 보니 가족 간의 갈등이 깊어져 간다. 실제로 이런 일을 겪고 있는 집안은 허다하다. 나도 겪은 적이 있다.

그런데 이런 상황을 두고 '힘들다'라고 말하는 것이 적절할까. 가족에게 잘해 주고 싶고, 가족을 위해 모든 것을 바치고 싶은데 그러지 못하는 자신에게 속상해서 내뱉는 한탄이 아닐까. 가족이 버겁게 느껴질 때도 분명 있다. 그럼에도 가족은 그 이상의 힘을 주고 원동력을 주는 존재다. 내가 끊임없이 글을 쓸 수 있는 힘도 가족에게서 온다.

어느 주일 저녁이었다. 밖에 나가 놀다 온 우리 가족은 월요일을 맞이할 준비를 하고 있었는데, 아내가 아이들 좀 어떻게 해 달라며 SOS를 보냈다. 황급히 거실로 나가 보니 아들, 딸 그리고 딸, 1남 2녀의 아이들이 한참 자기들끼리 장난치며 뛰어놀고 있었다.

소설가이자 동화작가인 나는 아이들이 빨리 잠들지 않거나 흥분해서 설칠 때면 이야기를 들려주겠다며 달래곤 했다.

"얘들아, 어서 씻고 자자. 아빠가 옛날이야기 해 줄게."

그제야 아이들은 씻고 나란히 누웠다. 나는 과거로 돌아가 가장 흥미로울 만한 이야기를 떠올렸다.

"아빠한테 옛날에 가방 들어 주는 친구가 있었어."

한 시간쯤 뒤 과거로의 여행 이야기가 끝나자 아이들이 코를 골며 잠들었다. 이때 아이들에게 들려준 이야기는 나의 대표작 《가방 들어 주는 아이》가 됐다. 아마 우리 아이들이 없었다면 탄생하기 힘들었을 것이다.

때로는 힘에 부칠 때도 있지만 내가 이 세상에서 가장 잘한 일이 아내와 결혼하고 세 아이를 낳아 가정을 꾸린 것이다. 가족을 책임지면서 성장하고 겸손해졌으며 많이 배울 수 있었다. 아이들이 아플 때는 경건함을 배웠고, 건강하게 뛰어놀 때 감사함을 배웠다. 아들과 두 딸이 할아버지 할머니와 함께 어울려 밝게 웃을 때 행복을 알았고, 밖에서 다쳐 돌아오면 가슴 아픔을 경험했다. 어디 그뿐인가. 아내와 다퉜다가 슬기롭게 화해하는 법도 배웠고 갈등을 참고 이겨 내는 방법도 터득했다. 아이들이 성장하면서 나도 성장했고 우리 부부의 관계도 성숙해졌다.

과거에는 나이에 상관없이 혼례를 올리지 않은 사람은 어른 취급도 하지 않았다는데 결혼해 보니 그 이유를 알 것 같앉다. 내가 느낀 '진정한 어른이 된다는 것'은 '한 가족을 책임지고 의무를 다하는 것'이었다. 내가 세 아이의 부모가 되고 아이들을 성장시키며 수많은 도전을 이겨 내는 이유도 그들이 나의 가족이기 때문이다.

장애 때문에 어려서부터 누군가의 도움이 필요했던 나를 가장 많이 도와주고 지지해 줬던 이들도 가족이다. 보고 싶은 책을 사다 주고, 짜증 내는 일이 잦았던 나를 이해해 줬다. 가족에게 보살핌을 받고 가족끼리 도우며 사랑을 알았다. 사회라는 커다란 지구촌 가정에서 인류라는 가족과 함께 살아가는 밑거름이 바로 그것이다.

오늘부터라도 가족에게 감사를 표현해 보면 어떨까. 가족의 무거운 가방을 손 내밀어 들어 주자.

우주에서 가장 강력한 힘

✦

아기에게 기형이 일어났다는 의사의 말에 우 간호사는 이렇게 말했다.

"기형아라도 낳을래요. 하느님의 선물인걸요."

보훈 병원 간호사로 근무했던 그녀는 남다른 인품을 가진 이 대위에게 호감을 키웠고, 대간첩작전 수행 중 척추를 다쳐 상이군인이 된 그와 결혼했다. 물론 양쪽 집안이 다 반대했다. 하반신이 마비돼 늘 휠체어에 앉아 있어야 하는 이 대위와 아기를 가질 수 없다는 것이 가장 큰 반대 이유였다. 그러다 기적적으로 임신이 됐건만 청천벽력 같은 소식을 들은 것이다. 그런데도 우 간호사는 기뻐했다.

얼마 후 그녀는 귀여운 딸을 낳았다. 예상대로 손가락은

양손에 두 개씩 네 개만 있고 무릎 아래로는 다리가 없는 기형아였다. 그렇지만 부부는 생각지도 못했던 딸을 얻게 된 사실만으로도 너무나 기뻐하며 하느님의 선물에 크게 감사했다.

어머니가 된 우 간호사는 아이가 크면서 남과 다르다는 이유로 친구들의 놀림을 받거나 마음의 상처를 입어도 절대 굴하지 않았다. 그녀는 딸의 손가락 힘을 길러주기 위해 피아노를 가르쳤다. 하루도 빼먹지 않고 매일 6~7시간씩을 같이 연습했는데, 아이에게 불가능은 없다는 생각을 심어 주고 싶었기 때문이었다.

1992년, 딸은 전국 학생 음악연주 평가대회에서 비장애 아동들과 겨뤄 2등상을 타 부모님을 기쁘게 했다. 이 순간이 그 뒤에 이어질 수없이 많은 수상과 세계를 누비는 순회공연의 시작에 불과했다는 것을 당시 이 가족은 알았을까?

지금은 40대가 된 그 딸이 바로 '네 손가락의 피아니스트'로 유명한 이희아다. 가장 불리한 곳에서 가장 큰 능력을 발휘하게 만든 것은 그녀의 장애였다.

다리가 불편해 이동이 제한될 수밖에 없었던 내게 부모님이 가장 걱정했던 점은 바로 견문이 좁아지는 것이었다. 그래서인지 부모님은 어릴 적부터 볼거리, 배울 거리가 있는 곳이라면 최선을 다해 나를 데리고 갔다.

지금은 사라진 광화문의 시민회관에서 우리나라에 수입된 첫 애니메이션 〈피터 팬〉을 시청할 수 있었던 것도, 덕수궁에서 열린 피카소와 밀레 전시회를 꼬박꼬박 관람할 수 있었던 것도, 여의도에서 열린 전자제품 박람회에서 최첨단 전자시계라든가 전자계산기를 볼 수 있었던 것도 모두 어머니와 아버지 덕분이었다. 그뿐만이 아니다. 아버지는 나를 업고 파주의 저수지까지 시외버스를 타고 가 1박 2일 동안 캠핑하며 낚시하는 경험도 선물로 줬다. 호기심과 미지의 세계에 대한 동경을 그런 식으로 채워 준 것이다.

학교에서 가끔 선생님들이 전시회나 박람회에 다녀온 경험이 있으면 손을 들어 보라고 했는데 먹고살기 힘들던 그 시절에 그런 곳에 가 본 아이가 많을 리가 없었다. 그렇지만 나는 부모님의 노력 덕분에 손을 들 수 있었다. 간혹 혼자만 손을 들어 선생님들이 놀라기도 했다. 이어서 어떻게 다녀왔냐는 질문이 돌아오면 늘 이렇게 대답했다.

"박람회는 어머니가, 전시회는 아버지가 저를 업고 가 주셨어요."

동생들의 도움도 많이 받았다. 책을 읽고 싶다거나 새로 나온 물건이 있으면 동생들에게 심부름시켰기에 동생들은 서점과 만홧가게를 뻔질나게 드나들어야 했다. 이렇게 내 호기심과 궁금증을 해소하는 역할은 우리 가족이 도맡아 했다. 방구석에 앉아 있는 장애인이었지만, 지금 생각하면 동생들과 부모님을 마음껏 부려 먹는(?) 도련님이었던 셈이다.

이 이야기를 강연에서 했더니 한 젊은이가 이렇게 말했다.

"선생님은 찰스 제이비어 교수 같아요."

영화 〈엑스맨〉 시리즈에 등장하는 제이비어 교수는 초능력을 가진 돌연변이들의 지도자로 강력한 염력과 텔레파시 능력을 가진 캐릭터다. 나중에 찾아보니 머리카락이 없고 휠체어를 타는 것도 똑같았다.

돌연변이는 아니지만 나의 성장기에는 전폭적인 헌신을 꺼리지 않는 가족이 있었다. 오늘날 내가 여기까지 온 건 그 덕이다. 아이 하나를 키우려면 마을이 필요하다는 말 대신 나는 이렇게 말한다.

"아이 하나를 키우려면 온 우주가 필요합니다. 그리고 그 우주는 바로 사랑이라는 에너지이며 이는 움직입니다."

어릴 적 소원

✦

밖을 자유롭게 돌아다니지 못했던 나는 또래들이 뛰어놀 시간에 주로 책을 읽었고, 자연스럽게 책에서 보고 느끼고 깨달은 것을 흡수하고 따라 하면서 성장했다. 책 속에는 사람들의 관계와 역할이 그대로 드러나 있었다. 이를테면 《톰 소여의 모험》의 주인공 톰은 고아였고 이모 집에 얹혀살면서 사촌과 전혀 다른 대우와 훈육을 받았다. 그렇지만 톰은 절대 남들에게 굴하거나 스스로를 비하하지 않고 오히려 새로운 모험을 떠났다. 돌아온 뒤에는 살인사건의 증인으로 서서 범인을 밝히기도 했다.

나는 이 이야기를 읽는 동안 아이가 사라졌을 때 가족이 느끼는 감정과 정의로운 행동이 무엇인지를 배웠다. 한마디로 단순하고 제한된 직접경험 대신 폭넓고 다양한 간접경험을 많이 한 것이다.

 어릴 적 내 소원 중 하나는 《작은 아씨들》의 주인공 가족처럼 항상 집안 분위기가 온화하고 화목했으면 하는 것이었다. 책에는 주인공 네 자매와 부모님이 저녁 식사를 함께하며 하루 일과를 공유하는 장면이 나온다.

 둘째인 조가 자신의 글이 비판받은 이유를 이야기하자 가족들은 웃음을 터뜨리고, 막내 에이미가 자신의 그림에 "이건 진정한 예술이야!"라고 말하니 조가 "난 그 그림을 벽에 걸지 않을래!"라며 농담을 던진다. 경제적으로 어려운 상황임에도 각자 자신이 준비할 수 있는 최고의 크리스마스 선물을 준비해 어머니에게 건네는 것도, 이에 어머니가 사랑한다고 말해 주는 장면도 가족 간의 사랑이 느껴지는 감동적인 대목이었다.

 군인이었던 우리 아버지는 권위의식이 강해 당시의 여느 가장들처럼 가족 위에 군림하기를 원했다. 그만큼 책임감도 강한 분이었지만 우리 네 남매는 아버지의 위압적인 기세에

눌려 두려움에 떨 때가 많았다. 반면 어머니의 성품은 인자했다. 인내하는 법을 알고 희생과 헌신을 실천하는 분이었기에 모든 걸 참고 견뎠다. 숱한 부부싸움에서 우리 가정을 지킨 것은 어머니의 인내심이었다. 부모님의 웃는 얼굴을 자주 보고 싶었던 나는 책에서 배운 지식을 많이 가져다 썼다.

하루는 두 분이 부부 동반 모임으로 시내에 외출했다. 집에 남은 우리 남매는 밤늦게 돌아올 부모님의 피곤함을 덜어 드리고 두 분을 기쁘게 해 드리고 싶었다. 그때 《작은 아씨들》에서 네 자매가 누군가를 즐겁게 하기 위해 집 안을 치우고 요리를 준비하던 것이 생각났다. 내가 집 안을 미리 청소하고 정돈하자고 말하니 동생들은 좋은 생각이라며 일사불란하게 내 지시에 따랐다.

당시 집 안은 우리가 되는대로 어지르고 다녀 온통 난장판이었다. 치워도 치워도 끝이 없었지만 고사리 같은 손으로 나름대로 최선을 다해 치웠다. 마지막에는 밤늦게 돌아올 부모님을 위해 안방에 이부자리를 깔고 심지어는 은은하게 향수까지 뿌렸다. 지금 생각해 보면 부족한 점이 많았지만 두

분은 우리가 청소해 둔 것을 보고 기뻐하며 환하게 웃었고 향수를 뿌려 둔 침대에서도 행복한 얼굴로 잠자리에 들었다.

가족 간에 기쁨을 주는 것은 이런 것이 아닐까. 사랑한다는 것은 돈을 주거나 물질적인 혜택을 제공하는 것만이 아니다. 내가 할 수 있는 일을 통해 누군가를 매일 기쁘게 해 주는 것, 그것이 우리가 가족에게 해야 할 일이다.

'축구 황제'로 불린 브라질의 축구선수 펠레는 너무나 가난해 공 한 번 못 차 보다가 축구 감독에게서 축구공을 하나 선물 받으면서 길거리 축구를 시작했다고 한다. 보답을 하고 싶었던 펠레는 감독의 집 마당을 깊이 팠고, 이를 본 감독이 왜 마당을 파 놨는지 물었다. 그러자 펠레가 말했다.

"크리스마스가 되면 감독님도 트리를 마당에 묻을 거잖아요. 그때 힘들이지 말고 이 구덩이에 묻으시라고 제가 미리 팠어요."

지금 내가 잘할 수 있는 것으로 그 사람을 위해 최선을 다해 뭔가 해 주는 일, 여기에는 보상도 필요 없다. 마음이 전달되면 그걸로 완성이다.

멘토 이야기

나는 다리를 못 썼지만 보거나 듣거나 말하는 데는 아무 문제가 없었기에 부모님, 형제들과 관계를 유지하는 데 전혀 지장이 없었다. 다만 걸어 다니지 못해 밖에 자주 못 나간다는 것, 딱 그 하나가 불편했을 뿐이다. 여섯 살이 되던 해에 아버지는 그런 나를 위해 독선생 한 분을 붙여 주셨다. 여남이지만 그분은 나중에 유명한 꽃꽂이 예술가가 됐다.

선생님은 늘 쾌활하게 인사하며 약속한 시간에 찾아왔다. 처음엔 뭔가를 배우는 것이 즐거웠지만 매일 와서 ㄱ, ㄴ, ㄷ, ㄹ을 가르치고 1, 2, 3, 4를 가르치니 공부하기가 싫었다. 어린 나는 울고불고 공부하기 싫다고 칭얼거렸는데 선생님은 한 번도 얼굴을 찡그리거나 내가 공부하지 않는다고 섭섭해하지 않았다. 오히려 다정하게 감싸 주며 글자를 하나하나 가르쳐 줬다. 그렇게 나는 여섯 살 때 글자를 통해서 세상을 배웠다.

당시 우리 집에 와 있던 막내 삼촌은 동네에 있던 만홧가게 주인의 딸과 친했다. 지금 생각해 보니 둘이 연애를 한 게 아닌가 싶다. 삼촌은 만홧가게에 가고 싶을 때면 조카에게 글을 읽힌다는 핑계로 나를 안고 길을 나섰다.

물론 나는 만홧가게에 가서 신나게 만화책을 봤다. 그래서 지금도 강연을 가면 어머니들에게 말하곤 한다. 만화책을 보는 건 결코 나쁘지 않다고. 걸어 다니지도, 많이 돌아다니지 못하는 내가 세상을 많이 배울 수 있었던 창구가 바로 만화책이었다.

만화책에는 이 세상 모든 것이 그림으로 그려져 있었고 그것에 대한 설명과 이야기가 함께 실렸다. 그야말로 시청각교육의 총집합체인 셈이다. 책과 만화로 세상을 배울 수 있었던 것은 글을 익힌 덕분이었다. 지금도 선생님에게 감사드린다. 나에게 글을 알려 줘 일찍 책의 세계로 안내해 줬기 때문이다.

나는 초등학교 입학 전에 이미 《세계 아동문학 전집》을 비롯해 동서양의 문학을 읽을 정도로 독서 능력을 키웠다. 초등학교 3~4학년 무렵에는 시중에 나온 거의 모든 동화책을 읽어서 그야말로 책벌레가 돼 있었다. 오죽했으면 소원이 우리 집이 책방을 운영하는 거였겠는가. 책만 읽을 수 있다면 하루 종일 나가지도, 밥도 먹지 않고 버틸 수 있다고도 생각할 정도였다. 지금 생각해 보면 내 불리한 여건 때문에 더더욱 책을 통해서 기쁨을 얻었던 듯하다.

헬렌 켈러에게도 훌륭한 선생님 설리번이 있었다. 설리번은 오늘날의 특수학교 격인 퍼킨스맹학교에서 공부했다. 나중에 수술로 시력을 회복했지만 원래는 장애가 있어 앞을 잘 보지 못했기 때문이다. 그녀는 학교를 수석으로 졸업했을 정도로 굉장히 지혜로운 사람이었다.

어려서부터 고아로 힘들게 살았던 설리번은 켈러 부부의 편지를 받고 헬렌을 가르치게 됐다. 헬렌에게 인형 하나를 첫 만남 선물로 준 그날은 1887년 3월 3일이었다. 당시 헬렌은 누구도 말릴 수 없는 괴팍한 소녀였다. 보이지도 들리지도 않으니 제대로 생각을 표현하지 못해 뜻대로 되지 않으면 될 때까지 소리를 지르고 난동을 부렸다. 오죽했으면 설리번의 앞니까지 하나 부러뜨렸겠는가.

설리번은 헬렌이 원하는 대로 맞춰 줄 부모님이 곁에 있으면 떼쓴다는 것을 알고 집 옆에 있는 오두막으로 갔다. 멀지 않은 거리였지만 마차를 타고 한없이 돌다 들어갔는데, 어린 헬렌이 '부모님이 없는 먼 곳으로 왔구나' 하고 생각하게 만들기 위함이었다. 받아 줄 사람이 없어지니 헬렌은 더 이상 고집을 부리지 않았다.

두 사람은 함께 생활하며 점차 유대감을 형성했지만 설리번에게는 한 가지 과제가 남아 있었다. 헬렌에게 언어를 가르쳐야 했기 때문이다. 설리번은 문자를 손가락으로 쓰는 지화로 알파벳을 가르쳤다. 총명한 헬렌은 지화를 곧잘 따라 했지만 설리번의 행동을 그저 재미난 놀이인 줄로만 알았다. 이 세상 사물에는 모두 이름이 있고 글로 표기할 수 있건만 듣지도 보지도 못하는 헬렌은 목마를 때 마시는 것에 물이라는 이름이 있는지, WATER라는 스펠링을 가르쳐 줘도 그게 무엇인지 알지 못했다. 그렇게 몇 달이 흘렀지만 헬렌의 언어 실력은 소원하기만 했다.

깨달음은 어느 날 기적처럼 찾아왔다. 설리번은 펌프에서 나오는 물을 헬렌이 만져 보도록 하면서 이것이 물이라고 알려 줬다. 이 경험을 통해 헬렌은 순간적으로 '차갑고 마시면 갈증이 사라지는 이것을 물이라고 하는구나. 이것의 이름이 있구나' 하고 깨달은 것이다.

비로소 헬렌은 어둠 속의 세상에서 뛰쳐나올 수 있었다. 세상 모든 것에 이름이 있다는 것을 알게 된 헬렌은 혼란스러워하면서도 그날 하루 동안 단어 30개를 단숨에 배웠다. 이때 설리번도 무척 기뻐하지 않았을까. 동서양을 막론하고 스승은 제자가 잘 배우면 기쁨을 느낄 테니 말이다.

요즘에는 가르치고 배우는 것을 멘토링이라고 부르며 가르치는 쪽을 멘토, 배우는 쪽을 멘티라고 한다. 멘토와 멘티의 관계가 돈독해지면 더할 나위 없이 좋다. 일전엔 대학에 합격해 개강만을 기다리는 새내기가 찾아와 멘토링을 요청한 적이 있는데, 이때 대학 생활의 꿀팁을 몇 개 알려 줬다.

"입학 전이라도 과 사무실에 가서 조교 언니들에게 커피도

사다 주고, 친하게 지내면서 도움 주고 그래. 신입생이 적극적이라고 얼마나 귀여워하겠어? 그러다 보면 교수님들도 먼저 만날 수 있고, 과 분위기도 빠르게 파악할 수 있어."

아주 사소한 조언이지만 먼저 경험한 멘토의 이야기는 멘티에게 그 어떤 비료보다 더 강력한 성장 촉진제가 될 것이다. 내가 그랬고, 헬렌 켈러가 그랬기에.

진정한 친구

대학생 때 정말 친하게 지내던 친구 A가 있었다. 운동을 잘해서 체력이 좋다며 목발을 짚고 다니던 나를 수시로 업어 주고 챙겨 주는 좋은 친구였다. 대학 졸업 후 각자의 삶에 집중하다 보니 연락이 뜸해졌는데, 한참 세월이 흐른 뒤 A가 직업을 잃고 실업 상태가 돼 집 안에만 박혀 있다는 소식을 들었다. 그 친구를 바깥으로 끌어내야겠다고 생각했다. 밖으로 나다녀야 뭔가 기회를 잡을 수 있고 세상을 보는 시야가 좁아지지 않을 테니까.

물론 무턱대고 나오라고 할 순 없으니 A가 혹할 만한 제안을 했다. 출퇴근할 때 내 운전을 도와주고 강연에 필요한 자료나 원고를 타이핑해 달라는 조건으로 약간의 금전적 사례를 약속했다. 그 친구는 기뻐하며 밖으로 나와 어떻게든 다시 다른 사람들과 삶의 리듬을 맞춰 가려 애썼다.

사회로 나와 내 활동에 함께 다니다 보니 자연히 과거의 친구들도 다시 만나게 됐다. 한번은 친하게 지낸 같은 과 동기이자 지금은 출판사 사장이 된 친구 B를 만나 단란한 시간을 보냈다. 셋이 만나 대화를 나누는데, A는 이후의 인생 계획에 대해 궁리하기보다 과거 자신이 잘나가던 시절의 이야기만 회상하면서 앞으로는 내 매니저로 함께하면 좋을 것 같다고 했다. 그러자 듣고 있던 B가 말했다.

"자네가 고 작가 매니저가 되려면, 새로운 일을 기획하고 역량을 개발하면서 고 작가가 작가로서 더 크게 성장할 수 있도록 도와야 해. 그런 게 아니라 그냥 같이 다니기만 하면 로드 매니저밖에 안 되는 거야. 친구가 된다는 건 함께 성장해야 하는 거거든."

뼈를 때리는 말에 A는 당황한 듯 어쩔 줄 몰라 하며 머뭇거리다가 더 이상 입을 열지 못했다.

친구란 무엇일까? 어렸을 때 같이 놀이터에서 뛰어놀던 사람도 친구고, 같은 학교에서 동문수학한 사람도 친구다. 마음을 터놓고 객쩍은 농담을 할 수 있는 이도 친구며, 목숨을 바쳐 의리를 지키는 이도 친구다. 친구의 정의는 헤아릴 수 없이 많다. 하지만 내가 살아오면서 겪은 친구의 정의는 B가 말한 친구의 뜻과 같다. 함께 성장해 나가지 않으면 친구가 될 수 없다는 것.

이번에는 중학생 때 친구 C 이야기를 들려주겠다. C는 나보다 공부도 잘하고 얼굴도 하얗고 잘생긴 모범생이었다. 고등학교를 다른 곳으로 가면서 헤어졌는데 얼마 지나지 않아 C의 롤 모델이자 어긋난 길을 가지 않게 지지해 주던 아버지가 돌아가셨다는 소식을 들었다.

대학생이 된 뒤에도 가끔 C를 만났다. 나는 C가 나보다 공부를 잘했기에 좋은 대학을 가고 멋진 직업을 가지겠거니 하고 생각했지만 현실은 그렇지 못했다. 그는 변변한 학업을 잇지 못한 채 잡다한 사업을 한다며 이곳저곳을 떠돌았고, 시간이 흐르면서 우리가 가는 길은 점점 멀어졌다. 현재 C는 형과 함께 제조업에 뛰어들어 지금은 경기도 외곽에서 사출

공장을 하면서 은퇴 걱정 없이 일을 하고 있다.

얼마 전 강연을 갔다가 부근에 들러 C를 만나 식사를 했다. 그런데 그는 앉은자리에서 소주 두 병을 마시며 자신의 낙이 '공장 숙직실에서 밤에 술 마시는 것'이라고 말했다. 이미 음주 조절을 힘들어하는 알코올중독 증세를 보이고 있었다. 아내가 있는데도 주중에는 공장 기숙사에 있다가 주말에만 집에 돌아간다고 했을 정도로 말이다.

거기다 하는 이야기라곤 사장인 형에 대한 푸념과 불만뿐이었고, 수년 전부터 반복된 같은 이야기에 내 인내심이 바닥났다. 결국 그를 만나는 것이 시간 낭비라는 생각이 들고 말았다.

진정한 친구는 상대의 성장에 도움을 주며 자신도 함께 발전한다. 어릴 때 친했다가 소식이 끊긴 친구를 만나면 처음에는 무척 반가워도 관계가 다시 이어지지 않는 경험을 다들 해 봤을 것이다. 그 이유는 함께 성장하지 못했기 때문이다.

곰곰이 생각해 보면 지금까지 연결고리를 가지고 서로의 업무에 도움을 주거나 조언하며 분야가 달라도 아이디어나

영감을 주는 친구와 오래 만나게 됐을 것이다. 그런 친구와는 자주 볼 수 있고, 서로의 성장에 자극을 주며 상대방의 수준에 맞추기 위해 나도 노력하게 된다. 기쁜 일이 있으면 두 배, 세 배로 더 기쁠 수 있고, 좌절과 슬픔 속에서도 서로를 위로할 수 있다. 같이 크지 못하면 친구가 되기 힘든 까닭이다.

  최근에 그 두 친구의 소식을 들었다. A는 여전히 일용직으로 여러 직장을 떠돌고 있었고 C는 더 상태가 나빠져 있었다. 가슴 아프지만 내가 할 수 있는 일은 없었다.

사라진 단체 메신저 방

삶에서 관계만큼 복잡하고 오묘한 것이 또 있을까. 몇 해 전인가 〈타인은 지옥이다〉라는 드라마가 방영됐던 기억이 있다. 철학자 사르트르의 '지옥은 타인이다'라는 말을 바꾼 제목인 듯했다. 개인주의가 강조되는 현대사회에서 사람들이 좋아할 만한 제목이었지만 나는 관계를 많이 맺는 것을 선호하는 입장이라 썩 달갑게 느껴지지 않았다.

그도 그럴 것이, 나는 누군가의 도움을 받을 수밖에 없는 사회적 약자다 보니 관계 속에서 내 삶이 풍요로워진다는 사실을 일찍 깨달았기 때문이다. 영화를 보려고 해도 친구들에게 부탁해야 했고 어디에 놀러 가려고 해도 친구들이 휠체어를 밀어 주거나 업어 줘야만 했다. 내가 원하는 활동과 즐거운 생활에 관계가 얼마나 중요한지를 절감한 것이다.

이런 이유로 우리 집은 친구들이 놀러 오는 놀이터이자 사랑방이었다. 내 생일이면 20여 명의 친구가 모여 먹고 놀며 즐겼다. 물론 친구들은 평소에도 수시로 놀러 왔고, 함께 노래를 부르거나 기타를 치며 이야기를 나누며 신나는 시간을 보냈다. 지금도 나에게는 수많은 친구가 있고 이들과 수시로 연락하며 마음속 이야기를 나눈다. 한 명 한 명이 내 삶의 아주 소중한 보석이다. 보석은 잘 갈고 닦아야 빛을 발하지 않던가.

소중한 관계가 깨질 때도 있다. 최근에 고등학교 같은 반 친구들이 모인 메신저 방에 한 친구가 정치 이슈를 언급하며 강력하게 자기주장을 펼쳤다. 그 방에 국회의원이 된 친구가 한 명 있었는데, 그 친구의 행보에 반대하는 입장이었기 때문이다.

우리는 동창 모임에서도 서로 한 번도 정치적인 의견을 밝힌 적이 없었기에 모두 당황했다. 비난과 이에 대한 해명이 거듭되다 메신저 방 탈퇴까지 이뤄졌고, 오랜 우정이라는 소중한 관계에 균열이 가 아무도 속내를 털어놓지 않게 됐다.

그럼에도 나는 사람이 절대 혼자 살 수 없다고 믿는다. 사람은 사람 때문에 상처받지만 사람 덕분에 기운을 낸다. 어릴 적 장애 때문에 모난 성격이었던 내가 비뚤어지지 않고 자랄 수 있었던 것은 모두 가족과 좋은 친구들 덕분이 아니었던가.

또 사람은 누군가와 관계를 맺어야 새로운 경험을 하고 색다른 감정을 느낄 수 있다. 연애할 때도 마찬가지다. 여자 친구나 이성을 만나면 감성이 돋는다. 외모를 가꾸게 되고 마음이 촉촉해지는 것이다. 있는지도 몰랐던 다정함이 개발된다. 헤어질 때는 실연의 아픔으로 얼마나 고통스러워질 수 있는지 깨닫는다. 일례로 가수 신승훈은 "한 번의 실연으로 지금까지도 그 아픔을 노래로 만들어 가수로서 먹고산다"라고 말한 적도 있다.

이런 친구 관계가 없는 사람도 많은데, 우리는 관계의 중요성을 무시하지 않고 친구를 만들려 노력해야 한다. 혼자 걷는 길은 편안하지만 살다 보면 어려움이 닥치고, 그때는 손을 내밀어 잡아 줄 사람이 필요하다. 친구와 나누는 대화는 마음의 짐을 덜어 주고 삶의 무게를 가볍게 만들어 준다. 관계 속에서 생각이 다를 수도 있지만 이해하고 받아들이며 성장해 나가기도 한다.

좋은 친구를 많이 사귀면 그 관계 속에서 많이 배울 수 있다. 간혹 학교에서 문제를 일으킨 학생들의 부모가 '나쁜 친구를 사귀어서 그렇다'라고 말하는데, 이는 친구들이 서로에게 영향을 주고받는 사이라는 것을 전제한 말이다. 이 말처럼 친구에게 나쁜 물이 들 수도 있지만 반대로 좋은 영향을 미치는 친구가 돼 줄 수도 있지 않겠는가. '친구 따라 강남 간다'라는 속담처럼 이상과 꿈을 함께하는 친구를 만나면 같이 회사를 차려 성장하고 부유해질 수도 있다는 뜻이다.

저자 사인회에서 내가 꼭 적어 주는 문구가 있다.

장애인의 친구가 되세요.

친구가 돼 준다면 그 장애인은 더 이상 외롭지 않을 것이다. 과거 노동운동을 하던 전태일도 사망하기 전에 "나에게 대학생 친구 한 명만 있으면 좋겠다"라고 말한 적이 있다. 노동법을 설명해 주고 함께 투쟁해 줄 대학생 친구 말이다.

  요즘에는 꼭 오프라인에서만 관계를 맺지 않는다. SNS와 온라인 커뮤니티에서도 진심을 나누는 친구를 만날 수 있다. 글과 사진, 짧은 메시지 하나로도 마음이 통하는 순간이 생긴다. 중요한 점은 어디서 만나느냐보다 어떤 마음으로 관계를 이어 가느냐다. 작은 '좋아요'와 댓글이 관심과 따뜻한 소통으로 이어져 외로움을 위로로 바꿔 준다.

  관계는 삶의 중요한 날줄과 씨줄이다. 관계를 새롭게 맺는 것을 두려워할 필요 없다. 사람은 서로 만나 대화를 나누고 친해지며 성장하고, 관계는 작은 관심과 진심 어린 대화에서 시작된다. 먼저 손을 내밀어야 외로움이 희망으로 바뀔 수 있다는 뜻이다. 관계를 믿을 수 있는 동호회와 단체, 강연과 행사에 용기를 내서 가 보자. 가서 생각이 비슷한 사람을 사귀고 말을 걸어 이야기 나누면 당신의 세상이 조금 더 넓어질 것이다.

내 곁의 도반

'불교'라고 하면 이전에는 나이 지긋한 고승이 속세와 먼 조용한 산속 암자에서 목탁 두드리는 모습을 떠올리곤 했는데 요즘 사람들은 다르게 느끼는 듯하다. 불교의 가르침을 담은 책이 베스트셀러가 되기도 하고, SNS에도 '불교 경전 속 힘이 되는 명언' 등의 제목이 달린 게시물이 자주 보인다.

심지어는 불교의 수행법이라는 '명상 리트릿(reteat)' 행사도 열리며 대학생부터 노년까지 다양한 연령이 참여한단다. 인터뷰를 보니 한 20대 대학생은 '조용히 자연의 소리를 듣고 내 마음을 들여다보며 편안함을 느낄 수 있어 좋았다', '현대 사회에서 많은 사람이 스트레스를 받고 있는데 명상을 통해 자신을 돌아보고 마음의 평화를 찾으면 좋겠다'라고 말하며 행사에 참여한 이유와 만족감을 드러내기도 했다.

사람마다 스트레스를 풀고 에너지를 충전하는 법이 있을 텐데 요즘 젊은이들은 그 수단으로 불교의 가르침을 받아들인 것이다. 나 역시 거의 매일 하는 수양법이 있으니 공감되는 대목이다. 종종 강연에서 무례한 질문을 받는 경우나 장애인에게 향하는 불쾌한 시선을 받을 때, 내 곁에는 마음을 가라앉히도록 도와주는 친구가 있다.

안산의 한 도서관에서 청소년 토론 대회 심사위원을 할 때였다. 한창 학생들의 발표를 들으며 심사에 집중하고 있는데 전화가 걸려 왔다. 받을 수 있는 상황이 아니니 나중에 전화하라고 문자를 보냈는데 얼마 지나지 않아 도서관 관계자가 몰래 다가와 잠깐 밖으로 나와 달라고 부탁했다. 무슨 일인가 싶어 나가 보니 내 차의 범퍼를 다른 차가 긁고 지나갔다는 소식을 전했다.

현장에 가 보니 주차선에 맞춰 정확하게 세워 둔 내 차 뒤에 검은색 승용차 한 대가 비상등을 깜박이며 서 있었다. 신혼부부로 보이는 두 사람이 바짝 긴장해서 나를 바라보며 다가와 말했다.

"저희가 후진하다 범퍼를 긁은 것 같아요."

들여다보니 살짝 긁혔는지 페인트가 벗겨져 검은색이 드러나 있었는데 당시 나는 대수롭지 않은 일로 내 마음의 평화를 깨고 싶지 않았다. 보험 처리를 하고, 면허증을 확인하고, 보험회사에 연락해 공장에 차를 넣는 일이 얼마나 번거로운지 잘 알고 있었기 때문이다. 그렇지 않아도 차를 장만한 지 2년이 넘어 여기저기 흠집이 생긴 탓에 페인트를 사서 벗겨진 부분을 직접 칠해야겠다고 마음 먹고 있던 차였다.

"괜찮아요. 그냥 가세요. 크게 망가진 것도 아닌데요."

사고 당사자들이 귀를 의심하는 표정으로 정말 가도 되냐고 물었지만 나는 다시 한번 가도 된다고 답했다. 그들을 놀려보내고 다시 도서관에 들어가 심사를 끝내고 나니 핸드폰에 장문의 문자가 와 있었다. 그 부부가 감사하다며, 자신들도 이렇게 남에게 베푸는 삶을 살겠다며 SNS로 케이크 구매권을 하나 보낸 것이 아닌가.

나는 웃고 말았다. 어차피 흠집이 난 차에 흠집 하나 더했다고 새 범퍼로 갈아 치우는 그런 야비한 행동은 하고 싶지 않았다. 덕분에 누군가에게 베풀 수 있었고 이로써 세상에 조금은 기분 좋은 바이러스를 퍼뜨린 듯해 기뻤다. 자동차와 함께하며 성숙해진 기분을 느낀 것이다.

 어떤 이들은 자동차는 잘못 사면 골칫덩어리고 속만 썩인다며 울분을 토로한다. 심지어 가끔은 자신의 차에 불을 지르고 제조사로 돌진해 들어가는, 이른바 분노 조절 실패로 인한 분풀이 사고도 보인다. 하루이틀 쓰는 것도 아니고 목숨과 직결되는 물건이니 어찌 화가 나지 않을 수 있을까.
 하지만 안타깝게도 모두 감정대로 행동하며 살 수는 없는 노릇이다. '그럴 수도 있지' 하며 인내하고 베풀 때도 있어야 한다. 그런 면에서 자동차는 우리가 도(道)를 닦고 마음의 평화를 유지하는 훈련에 무척 요긴하다. 내 앞으로 불쑥 끼어드는 차를 보고도 욕하지 않는 마음. 급하다며 달려오는 차에게 너그럽게 양보할 수 있는 아량. 순서대로 좁은 길에 진입하는 질서. 이 모든 것이 나를 수양하게 하고 성장케 하는 계기가 아닌가. 그 모든 수련은 자동차가 주는 선물이다.

한번은 강연을 위해 지방 출장 갈 때 아내가 운전을 해 줬다. 오랜만에 내 차를 운전한 아내는 끼어들거나 양보하지 않는 차량을 보면 놀라 흥분했고 나는 그런 아내에게 말했다.

"그런 걸로 흥분할 필요 없어. 다들 먹고살자고 바쁘게 뛰다 보니 그런 거야. 이해해 주라고."

그날 출장을 마치고 돌아올 때 아내는 나를 희떠운 눈으로 바라보며 말했다.

"당신 유명 작가라고 운전하면서 욕도 안 하고, 노인네처럼 점잖게 구는 거야? 사람들이 알아볼까 봐?"

나는 남의 시선이 두려워 할 일을 못 하거나 안 하는 사람이 아니다. 나를 몰라도 한참 모르는 이야기에 그만 웃고 말았다. 이래서 부부는 가까우면서도 먼 사이라는 말이 생긴 걸까?

"자동차는 내 도반(道伴)이야. 도를 닦게 해 주는 친구지."

나는 운전할 때마다 수양하며 감정이나 분노를 다스리려 애쓴다. 그렇기에 자동차는 정말 나의 도반이다. 어찌 아끼고 사랑하지 않을 수 있겠는가.

교통법규를 어기고 난폭운전을 하거나 상대방과 멱살 잡

고 싸우는 사람들을 자주 볼 수 있다. 자신과의 싸움에서 이기지 못해 아들뻘인 교통경찰에게 한 번만 봐 달라고 싹싹 빌기도 하고, 사건으로 문제가 커지기도 한다. 마음에 평정을 유지하고 스스로 삼가면 그럴 일도 없을 것을 이 무슨 부끄러운 짓이란 말인가. 운전하며 수양을 덜한 탓이다.

  오늘도 나는 운전대를 잡으며 내 차에게 말을 건다.

  "오늘도 도를 잘 닦자. 끼어들겠다는 차들 다 넣어 주고, 내 것 다 주는 심정으로 양보하고, 가급적 법규를 준수해 마음의 평화를 누리자고. 그리하여 무사히 집에 돌아오자."

  복잡한 도심에서도 나의 도반 자동차가 있으니 나는 깊은 산속에 들어갈 이유가 없다. 마음을 바꾸니 이곳이 도량(道場)이고 자동차가 나의 도반인 것을.

익명의 선행자

오래전 작은 모임을 만들려고 몇 사람을 모아 이런저런 이야기를 나눴다. 그중 한 명은 지방에서 제법 봉사도 많이 하고 사회적으로 부와 명예를 얻은 변호사였는데, 그를 처음 알게 된 나로서는 충분히 존경할 만한 선배라 생각해 기대를 품고 대화를 시작했다.

나는 대개 선한 영향력을 가진 사람에게서 좋은 느낌을 받는다. 성실하고 검소한 이도 마찬가지다. 그중에서도 겸손하지만 행동해야 할 때는 팔 걷어붙이고 나서서 실천하는 사람이 가장 좋다. 여기에 지혜와 지식도 있어야 한다. 시간 약속도 잘 지키고 남 탓을 하지 않는 사람도 좋은데 잘했다고 공치사하지는 않아야 한다.

결론부터 말하자면 그 변호사에게 받은 느낌은 참담했다. 나와 같은 장애인이면서 이 사회의 소수자로서 갖는 편견과 차별, 냉대에 시달린 경험이 있어 공유할 수 있는 생각이 많았음에도 말이다. 이유는 단 하나, 그가 자신이 베푼 선행이나 봉사, 업적을 좌중에 널리 알리지 못해 안달 나 있었기 때문이다.

연말연시 하면 떠올리는 모습 중 하나는 보육원이나 양로원을 방문해 위문품을 잔뜩 쌓아 놓고 그 앞에서 활짝 웃으며 사진 찍는 모습이다. 그들은 알량한(?) 성금과 위문품을 몇 개 가지고 가 증거를 남기고 온갖 너스레를 떤다. 그들을 대접해야 하는 사람들은 얼마나 큰 굴욕을 참아야 했을까.

어린 시절에 잠깐 장애인 재활시설에 머문 적이 있었다. 평소와 달리 갑자기 청소를 하고 정리정돈을 하는 날은 누군가가 외부에서 방문하는 날이었다. 아니나 다를까 손님들이 들이닥치면 우리는 노래를 부르고 춤을 추며 갖은 재롱을 보여 줘야 했다. 그들은 이 사람 저 사람 나서서 한마디씩 장광설을 한다. 그리고 사진을 찍고 각종 의전 행사를 치르는데 이게 어린이들에게는 그야말로 고문이 아닐 수 없었다. 그들이 한 시간이고 두 시간이고 최대한 자신들의 선행을 생색냈기 때문이다.

나는 대학원까지 다니는 바람에 경제적으로 부모님에게 큰 신세를 졌다. 매달 부모님이 보내 주는 생활비, 그럴 때면 말할 수 없는 고마움과 굴욕감을 동시에 느꼈다. 나이 서른을 넘긴 남자가 제 자식 분윳값도 벌지 못해 부모에게 손을 벌리는 처지였으니까. 그래서인지 부모님은 군말 않고 소리 소문 없이 통장으로 입금해 줬다. 주는 사람도 힘들었겠지만 받는 사람의 입장도 그리 마음 편하지만은 않았다.

나는 누군가에게 돈 줄 일이 있으면 최대한 빨리 주려 한다. 가장 빠르게, 가장 조용히 건네준다. 자녀에게 용돈 몇 푼 주면서 아껴 쓰라는 둥, 이 돈 버느라고 얼마나 힘든 줄 알았냐는 둥의 말은 돈을 주고도 욕먹는 행동이다. 사람이 하는 말 가운데 가장 듣기 싫은 말이 바로 공치사다.

그날 만난 그 변호사는 자신이 누구에게 도움을 주고 생활비를 대 줬으며, 누구에게 직장을 얻어 줬다고 생판 처음 보는 우리에게 실명을 거론하며 수다를 떨었다. 다음 날 나는 그가 도움을 줬다는 사람과 통화를 해봤다. 분명 자랑하다 보니 과장된 부분도 있을 듯해 어디까지가 사실인지 알아보기 위해서였다. 그러자 분노에 찬 대답이 돌아왔다.

"이런 전화 하도 많이 받았어요. 언제고 돈 생기면 그때 받은 돈 그대로 그 변호사에게 돌려주고 말겠습니다."

경제 공황, 사회 갈등, 정치적 이슈 등으로 점점 살기 힘들어지고 있는 요즘이다. 이런 때일수록 익명의 선행자가 많이 나왔으면 하는 바람이다. 그들이야말로 도움받는 사람들의 입장까지 헤아리며 진정한 선행을 하는 사람들, 주변에 '그래도 인생은 살 만하구나' 하는 좋은 기분을 선사하는 이들이기 때문이다. 필요한 것은 작은 헌신, 즉 먼저 내미는 손길이면 충분하다.

어릴 적 길을 가다 넘어지고 계단 앞에서 망설이는 일이 잦았지만 먼저 도움을 청하지는 않았다. 지나가던 누군가가 자연스럽게 다가와 나를 일으켜 세워 주고, 계단을 오를 수 있게 업어 주곤 했기 때문이다. 그들은 보상을 바라지 않았다. 자신의 힘과 마음을 기꺼이 나눠 준 것뿐이었다. 어디 가서 자신이 장애인을 도왔다고 자랑하는 일도 없었다. 그저 "누구라도 할 수 있는 일이었어"라고 담담히 말할 뿐이었다.

그렇지만 그들의 선한 마음과 먼저 내민 손길이 나에게는 크나큰 은혜로 남았다. 보답하고 싶었고, 언젠가 다른 방식으로 그들에게 도움을 주고 싶어졌다. 세월이 지나 내가 그들에게 도움을 주는 날 이렇게 말하고 싶다.

"네가 예전에 나를 많이 업어 줬잖아. 이 정도는 내가 은혜를 갚는 거야."

그러면 그들은 고개를 저으며 대답하지 않을까.

"그땐 그냥 돕고 싶어서 한 거였어."

심지어 어떤 친구는 그런 일이 있었는지 아예 기억하지도 못한다고 했다. 하지만 나는 기억한다. 오래도록 그들이 보여 준 따뜻한 헌신은 내 마음에 오래도록 불을 밝혀, 나 역시 누군가를 위해 먼저 손을 내밀게 만든다. 결국, 좋은 관계는 그런 작은 선의의 연결에서 자라나는 것 아닐까.

도움의 나비효과

잠시 가족과 미국에 머무르며 아이들과 대형 서점에 들렀을 때의 일이다. 딸이 책을 한 권 들고 와 보여 주며 물었다. 자기가 보기엔 아닌데 이 사진이 정말 한국이냐고…. 언뜻 보니 '사진으로 보는 세계 전쟁' 비슷한 제목의 책이었고 사진 속 배경은 6·25 전쟁으로 폐허가 된 서울이었다. 먹을 것을 달라고 미군을 쫓아가는 어린이, 군부대에서 나온 음식물 쓰레기를 넣고 푹푹 끓인 꿀꿀이죽을 먹겠다고 줄지어 선 헐벗고 굶주린 민간인들, 엄마 잃고 길바닥에 앉아 마냥 우는 아이의 모습 등…. 나는 그 사진이 바로 수십 년 전의 한국 모습이 맞노라고 고개를 끄덕였다.

대학의 은사가 미국 유학 중에 겪었다며 들려준 일화도 있다. 하루는 하숙집 주인 할머니가 이렇게 말했다고 한다.

"한국전쟁 때 전쟁고아들한테 준다고 직접 뜨개질해서 만든 스웨터 여러 벌에 돈하고 입던 옷, 생필품까지 모아 보냈거든? 그런데 한국에서 고맙다는 편지 한 통도 오지 않는 거야. 섭섭했지 뭐니."

기후가 변화했기 때문인지 몇 년 전부터 우리나라를 비롯해 전 세계적으로 재난이 끊이지 않고 있다. 장마철 홍수로 사람이 빠져 죽기도 하고, 폭염과 건조한 기후로 산불 피해가 극심하다. 최근 미국 로스앤젤레스에서도 대형 화재로 85명이 사망하고 600여 명이 실종됐다지 않은가. 사망자와 실종자가 이 정도니 경상, 중상을 입은 사람도 많을 것이다.

이런 참사 소식을 접하면 어쩔 수 없이 이런 생각이 든다.

'또 얼마나 많은 장애인이 발생할 것인가. 저항력이 약한 어린이나 노약자들, 임산부들은 언제까지 버틸 수 있을까.'

처참한 생각이 꼬리에 꼬리를 물어 일이 손에 안 잡힐 정도다.

"사람은 누구 할 것 없이 자신만의 짐을 지고 살아가나 다른 사람의 도움을 받지 않고는 살 수 없다. 위로와 충고로 다른 사람을 도와줘야 한다."

톨스토이의 말이다. 지금 이 땅에서의 우리 삶은 녹록지 않다. 끝이 보이지 않는 경제 불황으로 우리의 마음에는 아직 봄이 오지 않았다. 여기에 급변하는 국내외 정세까지 더해져 우리네 마음을 더욱 옹색하게 만들고 있다. 그럼에도 전 세계적인 재난이 발생하면 해당 지역에 우리나라를 비롯한 많은 국가가 민간, 정부 차원에서 금전이든 생필품이든 지원한다. 우리 살기도 팍팍한데 굳이 다른 나라를 돕는 이유는 뭘까? 간단하다. 그것이 도움받은 자의 역할이자 의무이기 때문이다.

약 70년 전까지만 해도 우리는 사진 속 모습처럼 망연자실한 표정을 짓고 있었다. 이때 우리도 수많은 원조를 받았고, 지금은 세계 10위권의 경제 대국이 됐다. 수십 년 전 얼굴도 모르는 이들에게 받은 마음을 기억하고 있다면 이제는 우리가 돌려줘야 할 때다. 도움은 일단 받으면 언제고 다른 형식으로 누군가에게 가 닿는다. 그 대상이 우리에게 도움을 준 당사자일 수도, 더욱 어려운 사람일 수도 있다.

만약 배곯던 그때 아무도 우리를 돕지 않았다면 지금 우리는 어떻게 살고 있을까? 그러니 하루아침에 가족을 잃고 병마와 배고픔에 떠는 그들의 고통을 이 저녁, 잠시라도 생각해 보면 좋겠다. 그리고 그들에게 아주 작은 도움이나마 전해 주면 어떨까. 미국의 어느 할머니처럼 감사의 편지나 답장 따위는 기대하지 말고….

책

인생의 변환점이 되는 단어

지금의 나를 만든 힘

어려서부터 책을 많이 읽을 수 있었던 것이 내 삶에 내려온 가장 큰 축복이다. 밖에 다니지 못하는, 활동이 제한적인 소년이었지만 책만 펼치면 달나라든 별나라든, 우주 너머의 세계까지도 자유롭게 여행할 수 있었다. 이 세상 누구도 만나지 못할 사람이 없었다.

나는 장애의 고통과 아픔을 겪는 동안 책에서 희망과 용기를 얻었고 그 힘으로 지금의 자리까지 올 수 있었다. 초등학교에 입학하기 전부터 쌓은 나의 독서력(曆)이 이어져 나를 글밭을 일궈 먹고사는 작가로 만들었기 때문이다.

책으로 배운 세상은 몸으로 돌아다니며 익힌 세상과 비교할 수 없게 크고 넓었다. 책 속에서 역사를 되짚으며 과거의 위대한 인물들과 대화했고 과학의 세계를 탐험하며 미래의 가능성을 엿봤다. 문학작품 속에서는 인간의 희로애락을 체험하며 공감의 깊이를 키웠다. 책은 내 눈을 뜨게 했고 마음을 넓혔으며, 세상을 바라보는 시각을 다채롭게 만들었다. 한 권 한 권이 각각의 다른 시대와 문화, 사고방식으로 안내하는 마법의 문 같았다.

대학생 시절 작가가 되려면 끊임없이 지식을 쌓아야 한다는 강박에 시달리고 있던 나를 해방한 것도 바로 책이었다. 복학한 J 선배가 '너는 이 책을 꼭 읽어 봐야 한다'라며 니코스 카잔차스키의 《그리스인 조르바》를 추천해 줬다.

주요 등장인물은 젊은 작가와 조르바. 젊은 작가는 문학과 철학에 깊은 관심을 보이며 삶의 의미를 찾기 위해 노력하는 캐릭터고 조르바는 젊은 작가의 친구이자 스승 같은 존재로 자유롭고 열정적인 성격의 소유자다. 작중 조르바는 인생을 즐기고 지금의 순간을 사랑하며 어려움 속에서도 긍정적인 태도를 잃지 않는다. 한마디로 젊은 작가가 조르바와의 만남에서 삶의 의미를 찾아간다는 내용이다.

나는 조르바와 젊은 작가의 여정을 따라가며 스스로를 몰아세울 필요가 없고, 작가는 물론 삶의 달인이 되려면 조르바처럼 살아야 한다는 것을 깨달았다.

책은 내 인생의 나침반이자 어둠 속에서 길을 밝히는 등불이었다. 지금도 책을 출간하고 강연하며 살고 있기에 책의 효용성을 누구보다도 강하게 체감하고 있다. 고마운 독서의 힘을 많은 사람과 나누고 싶어 강연을 다니며 학생들에게 이렇게 말한다.

"책을 읽은 것이 오늘날의 저를 만들었듯, 여러분도 독서를 통해 꿈을 키우고 어려움을 극복해 나가길 바랍니다."

과거에 한 지역의 도지사 후보가 당선되면 도서관을 100개 짓겠다는 공약을 내건 적이 있다. 당시로서는 신선하고 파격적인 약속이었다. 정말 당선이 된 그가 공약을 지키기 위해 도서관 건립을 추진하면서 지역 곳곳에 도서관이 하나둘 생겨나기 시작했다. 나 역시 새 도서관이 문을 열 때마다 축하 강연을 하러 가곤 했다.

시간이 흘러 이제는 서울보다 더 많은 도서관을 보유하게 된 경기도의 이야기다. 현재 도서관 수와 건축 수준을 기준으로 보면 경기도가 서울을 훌쩍 앞지른다. 그래서인지 경기도의 어린이들은 독서 친화적인 환경에서 성장하고 있다.

수도권에 인구가 몰리는 현상에 자녀 교육에 유리한 도서관이 많은 것도 한몫을 차지하리라 본다. 다양한 독서 프로그램과 문화 행사가 열리는 도서관을 자주 드나들다 보면 책을 자주 접하고 사랑하게 될 수밖에 없기 때문이다. 작가들 역시 도서관에 제공되는 책에 대해 저작권을 유보하는 관행을 따르고 있다. 이는 우리 사회가 지식과 문화의 발전을 위해 암묵적으로 동의한 아름다운 관계다.

책은 단순한 활자 덩어리가 아니다. 우리를 성장시키는 지적 자양분이며 더 나은 내일을 꿈꾸게 하는 희망의 씨앗이다. 책 속에 길이 있고, 그 길을 걷는 사람만이 진정한 의미의 자유와 성취를 맛볼 수 있다.

책에서 발견한 길

✧

영상에서 등산을 하던 야구선수 박찬호가 긴 계단을 발견하고는 만면에 미소 짓는 모습을 본 적이 있다. 일행은 계단을 보고 한숨을 푹푹 쉬었지만 그는 이렇게 말했다.

"계단을 보면 너무 행복합니다. 돈 벌어 주는 거니까요."

그러더니 곧장 토끼뜀 자세로 계단을 뛰어오르기 시작했고, 숨을 헐떡일 법도 한데 멈추지 않고 계단을 끝까지 올라갔다. 다 오른 뒤 거친 숨을 내쉬며 허리를 펴는 그의 체력과 정신력에 감탄하지 않을 수 없었다. 그는 땀을 훔치며 이렇게 말했다.

"계단만 보면 그냥 지나칠 수가 없어요. 이렇게 훈련하며 근력을 강화하는 거죠. 엘리베이터? 저는 절대 안 탑니다. 계단은 힘들고 고통스러운 게 아니에요. 언제든 짬짬이 나를 단련하는 기회를 줄 뿐입니다."

운동선수들은 시간이 날 때마다 육체를 조금이라도 더 단단하게 만들기 위해 꾸준히 노력한다. 달리기는 기본이고 걷기와 계단 오르기, 무거운 짐을 들고 다니는 것조차 훈련의 일부로 생활화한다. 운동선수들은 하루하루의 작은 노력이 쌓이면 큰 힘이 된다는 사실을 잘 알고 있는 것이다.

독서 실력을 기르는 것도 마찬가지다. 운동선수들이 일상에 운동을 녹인 것처럼 독서도 생활화해야 실력이 늘어난다. 나도 그들이 계단을 오르는 것처럼 틈이 날 때마다 책을 펼치려고 노력했다. 책이 아니면 신문이나 잡지라도 항상 곁에 뒀다. 때로는 책이 너무 많이 쌓여 다 읽지 못하고 버리기도 했지만 어쩔 수 없는 일이었다. 박찬호 선수가 세상의 모든 계단을 다 오를 수 없는 것과 같은 이치다. 중요한 것은 과정 자체다.

독서력을 기르는 과정은 내 삶의 힘을 키우는 과정이었다. 어떤 상황이 닥쳐도 지혜롭게 헤쳐 나가고 당황하지 않도록 나를 단단하게 만드는 힘. 독서는 내게 인생의 지도를 그리는 방법을 알려 줬고, 남들과는 다른 시각으로 세상을 바라보게 해 줬다. 지식의 너비를 넓히는 것뿐만 아니라, 깊이를 더하는 과정이었다.

얼마 전 지인이 남편과 오랜 별거 끝에 이혼했다. 그녀의 말에 따르면 남편의 무능을 견디다 못해 관계를 정리했다고 한다. 그런데 얼마 지나지 않아 전 남편이 뇌졸중으로 쓰러졌단다. 주변에 도와줄 사람이 아무도 없었던 탓에 이혼한 지인이 병원에 들러 전 남편을 조금씩 돌봐 주기 시작했다. 내가 물었다.

"아니, 그렇게 고생하다가 관계를 끊어 놓고는 이제 와서 왜 또 병원까지 가서 보살펴요?"

지인은 어쩔 수 없다는 듯 미소를 지으며 대답했다.

"어쩌겠어요. 애 아빠잖아요. 사람으로서 차마 모른 척할 수가 없어요. 우리 사장님이 저한테 그러시더라고요. '책 많이 읽은 사람들은 그렇게 막 나가지 못한다'라고요. 호호."

이 말이 내 마음을 깊이 때렸다. 맞다. 책을 많이 읽은 사람들은 쉽게 등을 돌리지 못한다. 책이 쌓아 준 지성과 지혜가 무모한 행동을 제지하고 냉정함 속에서도 따뜻한 선택을 하게 만든다. 비록 고통을 준 사람일지라도 쓰러져 아무것도 할 수 없는 순간에는 외면하지 못하는 마음, 책 읽는 사람은 이를 행동으로 옮긴다.

나 역시 살면서 수많은 어려움과 고통, 좌절을 겪었다. 그럴 때마다 나를 지켜 준 것은 독서였다. 가장 최근에 큰 버팀목이 된 책은 바로 버논 하워드의 《선택의 길》이다.

50대에 접어들며 인간관계로 큰 어려움과 위기를 겪었다. 오직 글을 쓰는 일에 몰두하며 앞만 보고 달려왔던 내 삶. 그 과정에서 필연적으로 희생자가 생겼다. 가장 가까운 사람들이었다. 자녀들이 성장해 각자의 생각과 가치관을 가진 어른이 되자 나는 가장으로서의 자격마저 의심받게 됐다. 삶이 무너지는 느낌이었다.

가족 내에서 설 자리를 잃었다는 생각에 '나는 무엇을 위해 노력해 왔던 걸까?', '이렇게까지 해서 얻은 것이 무엇인가?'라는 쉽게 해답을 찾을 수 없는 질문들이 밀려왔다. 아내와도 불화해 살이 5킬로나 빠질 정도로 영혼이 황폐해졌다.

그때 접한 책이 출판사에서 추천 도서라며 보내 준 《선택의 길》이었다. 지금은 《당신을 변화시킬 15가지 비밀》이라는 제목으로 바뀌었다. 이 책에는 건강한 인간관계를 유지하고 긍정적인 영향을 주고받는 방법, 과거의 상처를 치유하는 방법과 감정적으로 자유로워지는 법, 변화하기 위한 자기 인식의 방법 등 당시의 나를 위한 많은 조언이 담겨 있었다.

남들에게 화내려 할 때는 화내는 내 모습을 스스로 관찰하라.

이런 가르침을 자녀들에게도 전했다. 내 삶도 변화했다. 나를 이해해 주지 않는 가족에게 서운함을 느끼기보다 가족과 함께하는 행복을 누리려 노력했다. 그뿐만 아니라 면전에서 나를 깔보거나 욕하는 사람, 운전 중 무도하게 끼어드는 사람을 보고도 화내지 않게 됐다. 그들 역시 나와 연결된 존재라는 걸 깨달았기 때문이다.

직업 때문이 아니더라도 수시로 책을 곁에 두고 읽으려 애쓴다. 작가로서 필요한 자료를 읽는 것과 삶의 기초체력을 기르는 독서는 완전히 다르다. 운동선수가 시합을 앞두고 하는 전지훈련과 평소에 하는 체력 단련이 다른 것처럼 말이다.

침대 머리맡에도 언제나 몇 권의 책을 놔둔다. 책상과 가방에도 책이 빠진 적이 없다. 두껍고 어려운 책은 매일 조금씩 쪼개 읽는다. 하루에 몇 쪽이라도 꾸준히 읽다 보면 어느 순간 두툼한 책 한 권을 다 읽게 된다. 그때의 성취감과 기쁨은 이루 말할 수 없다. 오랜 체력 훈련을 이겨 내고 경기에서 승리한 운동선수도 같은 감정을 느끼지 않을까.

책은 내 힘이다. 나는 내가 누구보다 삶에 대한 집중력과 긍정의 힘이 강하다고 믿는다. 박찬호 선수가 계단을 오르며 몸을 단련하듯 나는 독서를 통해 내 마음과 생각을 단련한다. 그 힘이 나를 앞으로 나아가게 하고, 어떤 역경 속에서도 다시 일어설 수 있게 만든다. 인생이라는 길고 긴 여정에서 책은 언제나 내 곁에서 지치지 않는 힘을 선물해 준다. 그렇기에 오늘도 책을 펼친다. 내일을 더 강하게, 더 지혜롭게 살아가기 위해.

만화책도 책이다

강연에 온 부모들은 독서교육과 관련해 이런 질문을 자주 한다.

"선생님, 우리 애가 만화책만 읽으려고 해요. 어떻게 하면 좋죠?"

이때 내 대답은 엉뚱하다.

"그거 정말 좋은 일입니다. 아이가 만화책을 열심히 읽는군요. 저도 어렸을 때 만화책을 많이 읽었습니다."

그러면 또 다른 엄마가 손을 들고 말한다.

"재미있는 이야기만 읽지, 딱딱하거나 어려운 건 읽으려고 안 해요. 어떡하면 좋죠?"

"그것도 정말 좋은 일입니다. 재미있는 책을 읽는다는 게 얼마나 좋습니까? 더 재미있는 게임이나 비디오에 빠지지 않았잖아요."

예상 밖의 대답에 부모들은 대개 난감한 표정을 짓는다.

흔히 재미를 진지함의 반대라고 생각하고 멀리하는 경향이 있지만 만약 우리 삶에 재미가 없다면 어떻게 살 수 있을까? 책도 재미없다면 읽을 수 없다. 재미있는 인생을 사는 것이 모두의 목적이기 때문이다.

내가 재미를 강조하는 이유는 다른 데 있지 않다. 새로운 일에 도전하기 위한 호기심은 재미있는 일을 하겠다는 의욕에서 나오기 때문이다. 재미없는 일에 흥미를 느낄 사람은 아무도 없다. 이를테면 서당의 훈장님이 가만히 앉아 책만 읽는 것을 보고 재미있겠다며 따라 하는 아이들은 없다. 보통은 친구들이 산과 들로 신나게 뛰어다니는 것을 보고 나가 놀고 싶어 한다. 인간이란 본능적으로 재미를 추구하는 동물이기 때문이다.

나는 이 사실을 어린 시절 만화책을 읽으며 배웠다. 만화에 빠져 동생들을 시켜 빌려 오게 했고, 당시에는 만화 잡지를 사서 읽는 것이 유일한 낙이었다. 만화를 좋아해서라기보다는 재미를 좋아했기 때문이다. 그러니 '재미있는 것에만 빠져서 아무것도 안 하면 어쩌지?' 하고 걱정할 필요는 전혀 없다. 무엇이든 재미에 충분히 빠진 다음이라야 어떤 교훈을 덧붙일 수 있다. 재미라는 옷을 입혀 지식과 정보를 전달할 수 있기 때문이다.

부모들이 걱정하는 공부에서도 마찬가지다. 유명한 학원강사도 대부분 재미있게 강의하는 사람이고 학교에서도 인기 있는 선생님은 재미있게 가르치는 선생님이다.

아이들이 독서 습관을 기를 때도 가장 먼저 필요한 것이 바로 재미다. 처음에는 재미에 끌려 읽다가 지식과 정보를 얻고 마지막으로는 감동을 받아야 한다. 이이 스스로가 감동을 느껴야 비로소 삶이 변하기 때문이다. 우리는 다짜고짜 감동하기보다는 주로 몰랐던 것과 놀라운 것을 보고 감동한다. 즉 지식을 쌓고 경험을 해야 감동도 받을 수 있다는 뜻인데, 재미를 느껴야 그 경험도 많이 하려고 한다.

부모들은 교훈이 담긴 책이나 지식이 가득한 책을 먼저 권하고 싶어 하지만 독서에도 순서가 있다. 처음에는 만화든 동화든 소설이든 재미있는 책을 골라 권해 주는 것이 좋다. 재미있는 책을 읽는 아이들이 나중에는 지식과 교양을 쌓고 감동을 느끼는 데까지 나아갈 수 있다. 재미있는 책 읽는 것을 적극 권장해야 한다. 삶이 그다지 재미없기에 책에서라도 재미를 발견한다면, 이 어찌 고마운 일이 아닌가? 이 순서를 따른다면 아이가 독서 습관을 기르는 데 성공할 것이다.

작가인 나는 책을 어떻게 하면 재미있게 쓸 수 있을지 고민해야 한다. 이 땅에서 재미없는 물건들이 결코 환영받지 못했음을 잊지 말아야 한다. 인간은 재미를 통해 삶 속에서 휴식과 깨달음을 얻는다.

이는 비단 아이들뿐만 아니라 어른들에게도 통하는 말이다. 우리나라 성인 대부분이 1년에 한 권도 읽지 않을 정도로 독서 인구가 줄어든 요즘이다. 독서에 익숙하지 않다면 우선 어려운 책보다는 관심 있는 주제의 책을, 두꺼운 책을 한 번에 읽으려 하기보다 재미있어 보이는 부분부터 읽어 보면 어떨까. 이렇게 시작하면 어느새 못 읽을 책이 없어질 것이다.

꿈의 궁전, 도서관

청소년 독서교육 현황을 다룬 뉴스를 보고 있을 때였다. 독서교육의 중요성을 이야기하던 앵커의 입에서 이런 말이 흘러나왔다.

"그런데 졸업만 하고 나면 책을 멀리하잖아요, 쉽지 않은 부분이에요."

학생 때는 책을 많이 읽다가 성인이 되면 여러 이유로 독서량이 줄어든다는 내용이었다. 학교에서의 독서교육만으로는 습관화하기 역부족이고, 가정에서 부모가 자녀와 함께 책을 읽고 느낀 점을 이야기해야 독서가 몸에 밴다는 말에 고개가 끄덕여졌다. 나도 강연에서 비슷한 말을 자주 하는데 다른 점이 있다면 도서관을 꼭 자주 애용하라고 말해 준다는 것이다.

독서의 중요성은 아무리 강조해도 지나치지 않다. 아이들이 먼저 책을 찾아서 읽으려면 독서에 재미를 붙여야 하는데, '책을 읽자'라는 교시적인 말만으로는 독서의 즐거움을 전달하기 어렵다. 어린아이들에게 이는 부모의 잔소리와 다를 바 없다. 독서가 왜 즐겁고 왜 필요한지 경험하게 하는 것이 중요하다. 책을 읽는 순간의 몰입과 감동, 책을 통해 깨달음을 얻었을 때의 기쁨을 느끼게 해 줘야 한다.

아이들이 책과의 접점을 늘리려면 학교와 가정에서 독서 권장뿐만 아니라 독서 프로그램과 독서토론을 활성화하는 등의 노력이 필요하다. 이러한 활동을 할 수 있는 곳으로 도서관 만한 데가 없다.

도서관이 어떤 곳인지 알게 된 것은 초등학교 사회 과목 시간에 공중도덕과 예절에 관한 수업을 들을 때였다. 도서관에 한 번도 가 본 적 없던 나는 선생님의 말씀 중 한 문장이 귀에 꽂혔다.

"도서관에 가면 조용히 책만 읽어야 해. 바늘 떨어지는 소리도 들릴 정도로 조용해야 하거든. 남에게 방해가 되면 안 되니까."

당시 우리 가족이 살던 집은 15평짜리 한옥이었다. 방 두 칸짜리 집에 부모님과 4남매, 시골에서 올라와 어머니를 돕던 사촌 누나까지 일곱 명의 식구가 북적대며 살았다. 그야말로 난장판이었다. 방에서 책을 읽으려 해도 동생들이 수시로 울고불고 드나들고, 싸우고 다치고 떼쓰고 혼나는 일이 끊이지 않았다. 책을 읽으려고 하면 갓난아기 막냇동생이 와서 오줌을 싸거나 책을 찢어 놓기 일쑤였다. 잠시도 조용할 날이 없다 보니 '바늘 떨어지는 소리도 들릴 만큼 조용히 책을 읽는다'라는 말은 도서관이 무릉도원이라는 이야기로 들렸다.

'그런 도서관에 한 번만 가 볼 수 있다면 소원이 없겠다.'

하지만 내 소원은 한참 동안 이뤄지지 않았다. 중학교를 지나 고등학교에 올라가면서도 계속 입시 공부에 매달려야 했기 때문이다. 중·고등학생 때 독서실에 다니기야 했다. 조용해서 공부가 잘됐지만 공부만을 위한 공간이었지 책을 읽거나 자유롭게 지식을 채우고 상상의 나래를 펼치는 곳이 아니었다.

비로소 도서관다운 도서관을 만난 것은 대학에 입학하고 나서였다. 출입증을 발부받아 들어간 대학도서관은 그야말로 꿈의 궁전이었다. 끝없이 이어진 서가에는 수많은 책이 꽂혀 있었고, 개가식으로 운영돼 자유롭게 아무 책이나 뽑아 책상 위에 올려놓고 마음껏 읽을 수 있었다. 공부도 잘되고 자연스럽게 독서할 수 있는 공간이었다.

독서 카드에는 누가 이 책을 빌려 갔는지 이름까지 쓰여 있어 그 책의 역사를 알 수 있었다. 대출받아 집에 가져갈 수도 있었다. 나는 비로소 책 읽는 행복을 느꼈다. 도서관은 내 꿈의 궁전이었고 그곳에 있는 순간, 나는 궁전의 주인이었다. 그때 읽은 책들, 수업 교재로 활용했던 책들, 빌려서 공부한 책의 수많은 지식과 간접경험이 오늘날의 나를 만들었다고 해도 과언이 아니다.

도서관은 단순히 책을 보관하는 공간이 아니다. 누군가에게는 배움의 출발점이, 다른 누군가에게는 휴식의 장소가 되며 또 다른 누군가에게는 인생의 터닝 포인트가 된다. 세계적으로 유명했던 브라질의 축구선수 카카는 어릴 적 브라질

상파울루의 한 도서관에서 축구와 공부를 병행하며 자신의 꿈을 다졌다. 그는 어려운 가정환경에서도 도서관을 오가며 영어를 독학했고, 이 과정에서 생긴 자기 관리 능력이 훗날 그를 성공으로 이끌었다.

마이크로소프트사(社)의 창업주인 빌 게이츠 역시 도서관의 열렬한 이용자였다. 그는 청소년 시절 시애틀공공도서관에서 많은 책을 읽으며 세상에 대한 지적 호기심을 키웠다. 한 인터뷰에서 "나는 도서관 덕분에 세상과 연결됐고, 무엇이든 배울 수 있다는 자신감을 얻었다"라고 밝히기도 했다.

이처럼 도서관은 책을 읽는 공간을 넘어 꿈을 키우고 세상을 이해하는 창이 된다. 누군가는 도서관에서 역사 속 인물과 만나고 어떤 이는 과학의 신비를 집하며 또 다른 누군가는 자신만의 이야기를 발견한다. 책 속의 사람과 책 바깥의 사람이 지혜를 나누는 소통의 장이 되는 셈이다.

더 나은 미래를 준비하는 희망의 공간이기도 하다. 우리 사회가 더 나은 세상을 꿈꾸고 발전하려면 그 중심에는 언제나 도서관이 있어야 한다. 과거와 현재, 그리고 미래를 연결하는 지식의 다리이자 무한한 가능성을 품은 배움의 요람이기 때문이다.

무엇보다 도서관은 계층과 환경을 초월해 누구나 평등하게 지식을 누릴 수 있는 공간이다. 책 한 권으로 새로운 세상을 경험하고 다른 관점에서 세상을 바라보는 힘을 기를 수 있다. 그런 의미에서 도서관은 단순한 시설이 아니라 삶의 가능성을 확장하는 사회적 자산이다.

나는 여전히 도서관에 갈 때마다 설렘을 느낀다. 책장을 넘기는 소리, 사색에 잠긴 사람들의 모습, 그 속에서 지식과 꿈이 자라나는 풍경은 언제나 무릉도원처럼 보인다.

요즘은 동네 곳곳마다 어린이도서관이 많아져 어디서나 아이들이 책 읽는 모습을 볼 수 있다. 과거를 돌아보면 참으로 놀라운 변화다. 우리 사회의 밝은 미래를 보는 듯해 흐뭇하다.

책이 사라진 세상

어린이들의 독서량은 우리의 미래와 직결된다. 그런데 지금은 동네마다 여러 개 있던 서점이 연이어 문을 닫고 있으며 아이들의 손에는 책 대신 스마트폰이 들려 있다. 그저 시대의 변화로 치부하고 넘길 만한 현상이 아니다. 청소년을 계도하려는 오지랖도 아니고, 작가로서의 위기의식 때문도 아니다. 우리는 책을 읽고 지식과 정보를 얻어야 비로소 진정한 발전과 성장을 이룰 수 있는데 그 기회를 놓치고 있는 셈이기 때문이다. 그래서 시대를 불문하고 인류 역사의 수많은 위인이 독서를 권하지 않았던가.

점점 책과 거리가 멀어지는 아이들을 어떻게 책과 가깝게 만들 수 있을까. 작가로서 내가 할 수 있는 일은 재미있는 글을 써 책의 소중함을 알게 하는 것뿐이다. 예를 들면 이런 식이다.

우선 동화를 한 편 쓰기로 하고 상상해 본다. 책이 다 없어지면 어떻게 될까? 주인공 녀석들이 책을 그리워하려나? 책 찾아 삼만 리를 떠날까? 한 권의 책을 찾아서 목숨까지 내놓을 각오가 돼 있을까? 별별 상상이 꼬리에 꼬리를 물었다.

이렇게 해서 나온 작품이 바로 《책이 사라진 날》이다. 제목을 정한 뒤 하지 말라고 하면 하고, 하라고 하면 하지 않는 어린이들의 청개구리 심보에 착안했다. '읽어라, 읽어라' 하면 읽지 않는 녀석들이 '읽지 마라, 읽지 마라' 하면 읽지 않을까 하는 생각이 든 것이다. 이 세상에 있는 모든 책을 없애 버리면 어린이들이 갈증 난 사슴처럼 책을 찾아 온 세상을 헤맬 것이라는 데까지 상상이 미쳤다.

하지만 책을 어떻게 없앤단 말인가? 이미 전 세계에 퍼져 있는 책을 인간의 힘으로 없앨 순 없다. 진시황도 실패한 분서갱유가 아니던가. 이윽고 상상은 어릴 때 읽었던 무한한 동심의 세계로 돌아가 우주로 뻗쳐 나갔다.

'그래. 외계인들이 침공해서 온 지구의 책을 없애는 거야.'

좋은 아이디어가 하나 나오자 상상력이 날개를 펼쳤다. 이야기는 외계인들이 쳐들어와 지구 문명을 마비시키기 위해 문명의 근원인 책을 모두 수거해 없애 버린다는 데서 시작한다. 그렇다면 이제 그들의 권위와 폭압에 도전하는 자들이 있어야 한다. 용감한 상진이와 민지를 주인공으로 삼으면 좋겠다. 책 없이는 살 수 없는 아이들. 어디에건 반드시 이런 아이들이 있지 않던가.

녀석들은 산더미처럼 압수해 쌓아 놓은 책의 산에 살그머니 접근해 그들만의 아성(牙城)을 만든다. 책 산을 파고 들어가 미로를 만들고, 마치 쿠푸의 피라미드처럼 보이는 그 안에 들어앉아 탐닉하며 독서한다. 여기까지가 이야기 도입의 기본적인 설정이다.

이제 외계인이 나타나야 한다. 그들은 이미 문명의 절정을 맞이해 더 이상 진화할 수 없는 존재다. 이야기는 지구를 점령한 외계인과 상진이, 민지 사이에 갈등이 이어지면서 전개된다.

마침내 외계인과 지구인들이 갈등 끝에 대타협이 이뤄지

고 책은 다시 아이들의 손에 돌아간다. 그리고 외계 문명인들도 자신들의 고향으로 귀환한다.

여기까지가 내가 스토리 구조를 짜는 방식이다. 글을 쓸 때는 작품의 기본적인 설정과 더불어 만화책보다 10배, 100배 재미있게 쓰겠다는 각오가 필요하다. 초등학교 저학년 아이들이 책을 읽게 만들려면 그 방법밖에 없기 때문이다. 아이들은 책의 효용성에 대해 한 마디만 딱딱하게 떠들어도 책장을 바로 덮을 것이다. 자기 동일시를 할 수 있게 주인공들을 재미있고 코믹한 캐릭터로 만들었고, 외계인 역시 퇴화해 문어처럼 변한 웃긴 모습으로 묘사했다.

나에게는 내 작품이 바로 해외에 번역해서 팔 수 있을 정도의 수준이어야 한다는 원칙이 있다. 외계인은 전 세계 어린이가 알고 있고, 책이 무엇인지도 알고 있으며, 책의 소중함 역시 알고 있기에 이 이야기는 설득력을 가진다.

《책이 사라진 날》에는 내 세계관을 반영했다. 인간의 능력은 참으로 미미하다. 인간이 힘으로 어떤 동물을 이길 수 있을까. 인간의 문명과 능력, 발전 가능성은 오롯이 머릿속에서 나온 지식 덕분이고 그 지식은 바로 책에 담겨 있다. 이러한 지식은 책을 통해 대대손손 이어져 내려왔다. 그 단적인 작은 증거가 나를 비롯해 활발히 활동하는 현실 속의 작가들이다.

상상을 잘 표현한 삽화의 재미는 더욱더 책을 빛나게 해 준다. 삽화가들은 자신만의 시각으로 작품을 해석해야 한다. 이야기 전개상 모든 것을 글로 묘사하지 못하기 때문이다. 나는 작품을 쓸 때 삽화가들이 그림을 그려 넣을 공간을 많이 비워 둔다. 너무 세세한 묘사를 하지 않고 그들의 상상력이 담긴 그림으로 내 글을 보완해 주기를 바란다. 그런 점에서 《책이 사라진 날》은 완벽하게 승리한 책이다.

마지막으로 책장을 덮을 때 크게 한 번 웃으며 남는 찡한 감동을 줘 아이들이 다른 책으로 손을 뻗게 만들자는 전략도 성공했다고 자부한다. 이 책을 읽고 한 명의 어린이라도 더 책의 소중함을 깨달았으면 좋겠다. 책이 재미있고 생각을 깊게 해 준다는 사실을 깨닫고 게임기나 스마트폰을 켜기보다 책을 펼친다면 전략은 대성공을 거둘 것이다.

누구든 책을 읽어 더 이상 길거리에서 타인의 동정심을 구하지 않게 되는 세상, 그런 세상은 독서를 통해야만 가능하다고 믿는다.

책 쓰는 마음

수년 전 강의하던 대학에서 백일장이 열린 적이 있는데, 심사위원으로 참여한 나는 학생들이 제출한 수천 편의 글을 단시간 내에 읽어야 했다. 그날의 글제는 '이름'. 대학입시에 백일장 수상 성적이 중요한 요소로 작용해서인지 전국에서 온 많은 학생이 참여했고, 나를 비롯한 몇몇 심사위원은 낭선작을 엄선해야 했다.

이런 백일장 심사를 할 때마다 느끼는 점이 하나 있다. 바로 대부분의 글이 첫머리부터 너무 비슷하다는 것이다. 그래서인지 아주 독특하게 쓴 글이 아니면 눈에 잘 들어오지 않는다. 대부분은 원고지의 첫 장도 채 읽히지 못한 채 낙선작을 모으는 상자 안으로 날아간다. 그날도 예외는 아니었다.

나의 이름은 김철수입니다. 할아버지께서 지어 주신 소중한 이름입니다.

자기 이름의 뜻을 설명하며 시작하는 글들은 바로 탈락이었다. 참가자들은 나름대로 의미를 담았겠지만 '이름'이라고 했을 때 본인의 이름을 떠올리는 것은 누구나 하는 상투적인 발상이다.

두 번째로 자주 보이는 도입부는 김춘수 시인의 〈꽃〉을 인용한 방식이었다.

내가 그의 이름을 불러 주기 전에는

그는 다만

하나의 몸짓에 지나지 않았다 (…)

시를 통째로 인용하는 장한 친구들도 있지만 대부분은 한두 줄만 언급하고 이름의 의미를 진부하게 풀어 갔다. 당연히 이런 글도 모두 탈락이었다. 고등학교를 졸업한 교양인이라면 누구나 떠올릴 수 있는 구성이기 때문이다.

결국 심사위원들의 눈에 띈 글은 자신만의 시각과 진솔한 이야기를 담아낸 작품이었다. 이 백일장에서 깨달은 것은 이름이라는 주제가 쉬운 듯하면서도 진짜 내면의 이야기를 담지 않으면 결코 좋은 글로 나올 수 없다는 사실이었다.

수수께끼 중에 '내 것이지만 남이 주로 쓰는 것은?'이라는 질문도 있다. 정답은 바로 이름이다. 이름이야말로 나를 위한 것이 아니라 남을 위한 것이다. 누군가 내 이름을 불러 주는 순간 그 발성은 하나의 의미가 된다. 굳이 김춘수의 시를 인용하지 않아도 우리는 이름을 통해 서로를 인식하고 관계를 맺는다.

오래전에 우리 아이들의 이름을 모두 바꿨는데 이는 아내의 강력한 주장 때문이었다. 나는 "이름을 한번 지었으면 됐지, 바꾸는 게 무슨 소용이야? 운명은 노력으로 개척하는 것 아닌가?"라고 반박했지만 아내의 생각은 달랐다. 이름에는 분명 좋은 의미와 개개인에게 맞는 울림이 있다는 것이다.

나도 책을 쓸 때마다 더 좋은 제목을 고민하기에 그 말에는 공감했지만 여전히 각자가 어떻게 살아가느냐가 이름보다 더 중요하다고 믿는다.

좋은 이름을 가지고 싶다는 욕망은 사람을 넘어 회사에도 적용된다. 회사명을 바꾸는 것은 곧 그 기업의 이미지와 의미까지 새롭게 설정하는 작업이다. 국민은행이 KB로, 금성이 LG로 변한 것이 오래전이다. 알아야 할 점은 이름 자체는 중요하지 않다는 것이다. 이름은 그저 기호일 뿐이다. 기호 속에 담긴 삶과 진심, 그것이 본질이다. 송나라 때 저술된 행실에 관한 책 《경행록(景行錄)》에서도 이렇게 말하지 않았던가.

삶을 보전하려는 자는 욕심을 적게 하고, 몸을 보전하려는 자는 이름이 알려지는 것을 피한다.

유명세가 재산과 명성을 가져다준다고 믿는 사람들은 이름을 널리 알리고 싶어 한다. 실제로 SNS에는 유명인의 이름과 사진을 도용한 가짜 메시지와 게시물이 수시로 떠돈다. 하지만 타인의 존경을 끌어내는 것은 이름 석 자가 아닌 개개인의 태도다.

촌스럽고 오래돼 보이는 이름인 '유한양행'을 생각해 보라.

유(柳)는 버드나무, 한(韓)은 우리 민족을 가리킨다. 종합하면 '한민족이라는 자긍심을 잃지 말자'라는 의미다. 양행(洋行)은 무역을 뜻하는 단어로, '세계로 통하는 회사'라는 의미를 부여한 것이다. 네 글자에 창업자의 고귀한 정신과 그가 지고자 하는 사회적 책임이 깃들어 있는 셈이다. 이름이 아닌 글자에 담긴 내면의 본질, 그것이 진짜 가치다.

책을 쓸 때도 마찬가지다. 남들이 보기에 그럴듯한 문장을 늘어놓는 것보다 내 안의 진실을 담아내는 것이 중요하다. 판에 박힌 문장과 진부한 인용으로는 결코 사람의 마음을 울릴 수 없다. 좋은 글이란 화려한 이름이 아니라 내면의 깊은 울림에서 비롯된다는 사실을 그날 백일장에서 다시금 깨달았다.

모두가 공감할 수 있는 글

은행을 다니다 퇴직한 지인이 전화를 걸어 이렇게 말했다.

"고 박사님, 《까칠한 재석이》가 무슨 책인가 싶어 도서관에서 몇 장 보다가 그만 한 시간 반 동안 다 읽어 버렸습니다."

내가 쓴 베스트셀러 시리즈 《까칠한 재석이》를 우연히 도서관에서 발견한 모양이었다. 한두 쪽 읽다가 빠져들어 순식간에 끝까지 다 읽었다는 말을 들으니 흐뭇했다. 작가에게는 최고의 칭찬이기 때문이다.

쉽게 쓰는 글과 쉽게 읽히는 글은 강력한 힘을 가진다. 나는 글을 쓸 때 최대한 쉽게 쓰려고 노력하는데, 예를 들면 어려운 단어는 가급적 풀어서 쓰고 쉬운 말로 적으려 한다. 누구나 편안하게 이야기에 귀를 기울여 달라는 의도에서다.

'쉽게 설명하지 못한다면 그 내용을 제대로 아는 것이 아니다'라는 명언이 있다. 이해하기 수월한 글일수록 그 안에 담긴 작가의 생각과 주장을 더 많은 사람이 접할 수 있다. 어려운 학술 논문은 전 세계에서 그 분야 최고의 석학 몇 명만 이해할 수 있다. 그러한 글도 필요하지만 내가 쓰는 글은 그러한 글이 아니다.

청소년, 어른, 노인 모두 쉽게 읽을 수 있게 쓰는 것이 내 평생 목표다. 롤 모델로 삼은 몇 권을 꼽자면 셸 실버스타인의 《아낌없이 주는 나무》, 생텍쥐페리의 《어린 왕자》, 트리나 폴러스의 《꽃들에게 희망을》 등인데, 정말 쉽고 누구나 간단히 읽을 수 있게 쓰였지만 그 여운과 감동이 평생 우리 마음속에 남는 책들이다.

강연에서 몸과 마음의 양식에 대해 이야기하곤 한다. 몸의 양식은 많이 먹으면 살이 찌지만 마음의 양식은 아무리 먹어도 살찌지 않는다. 몸의 양식은 식당에서 돈을 내고 사 먹어야 하지만 마음의 양식은 도서관에서 언제든지 빌려 볼 수 있다. 몸의 양식은 몇 시간 간격으로 먹어야 하지만 마음의 양식은 한 번만 잘 먹어도 평생 삶을 바꿀 수 있다. 그렇기에 내가 쓰는 글은 쉬워야 한다. 동시에 독자들에게 재미와 교훈, 감동을 줄 수 있어야 한다. 누구나 공감할 수 있게 하는 것, 그것이 내가 추구하는 목표다.

 많은 사람이 내 책을 쉽게 읽고 얻어 가는 것이 있으면 좋겠다. 만약 이로 인해 삶이 변화하기까지 한다면 더할 나위 없이 기쁠 것이다. 개개인의 삶이 변한다면 그것이 곧 사회를 바꾸는 일이라 믿는다. 내가 어린이, 청소년 책을 많이 쓰는 이유는 아이들이 언젠가 이 사회의 주역이 될 것이기 때문이다. 어릴 때 접하는 책이 사회 변화의 시작점이 되는 셈이다.

 쉽게 읽히는 글이라고 그 안에 담긴 주제마저 쉬운 것은 아니다. 어렵고 복잡한 내용을 쉽게 설명하는 능력은 지금도 꼭 가지고 싶다. 더 쉽게, 더 간단히 쓰고 싶다. 이념적인 글을 썼던 소설가 황순원이 말년에는 《소나기》 같은 동화처럼 편안하고 쉽게 읽히는 글만 썼던 것을 보면, 그는 이미 내가 깨달은 것을 진작에 알았던 듯하다.

연필의 역할

'콜카타의 성녀'로 불린 마더 테레사의 자서전과 평전을 읽은 뒤 《몽당연필이 된 마더 테레사》를 썼다. 테레사는 아낌없이 다 쓰이고 가겠다는, 아름다우면서도 처절하고 소박한 바람으로 평생을 살았다.

종종 연필로 글을 쓴다. 젊었을 때는 샤프펜슬로 작은 글씨를 쓰는 것이 어렵지 않았지만 심이 너무 작고 가늘어 잘 부러졌다. 결국 얼마 전부터 내 필통에 있던 0.5밀리, 0.7밀리 샤프는 다 누군가에게 줘 버렸다. 글씨를 작게 쓰는 것은 젊은이들의 몫이니까.

어려서부터 쓰던 나무에 심이 박힌 연필이 있는데, 두 개나 되는 연필깎이를 뒤로하고 칼로 살살 깎아서 쓰는 것이 내 취미다. 어쩌다 한 번씩 연필을 깎다 보면 집중도 잘되고 정신노동을 육체노동으로 바꾸는 듯해서 기분이 좋다. 물론 어떨 때는 번거롭기도 하다.

어느 날 강연이 끝나고 학생들이 선물이라며 자신들이 쓰던 샤프를 줬다. 1.5밀리 정도 되는 굵기의 샤프심을 사용하는 괴물 샤프였다. 심 하나를 넣고 꾹꾹 누르면 쑥쑥 나온다. 덜 두껍게 쓰고 싶으면 끝을 칼로 깎아야 했는데, 고맙게도 샤프 꼭지에 샤프너가 있었다. 끼우고 몇 번 돌리면 무딘 연필심이 날카로워진다. 이 샤프는 힘을 줘도 잘 부러지지 않고, 노안에 편리하게 굵고 크게 잘 쓸 수 있어 애호하는 물건이 됐다. 나이 많은 작가가 꽃무늬 현란한 아이들용 샤프를 쓰는 것이 어울리지 않는 그림일지 모르나 나이 들면 누구나 어린이가 된다고 하지 않던가.

그런데 굵은 심은 날카롭게 깎아도 얼마 지나지 않아 무뎌진다. 그럴 때면 살짝 비틀어 비교적 뾰족한 부분으로 이어서 쓴다. 그 부분도 무뎌지면 다시 날카로워진 부분을 골라 글씨를 쓴다. 글씨의 굵기가 달라지긴 하지만 이 또한 아날로그의 미덕이다.

연필이든 샤프든 필기를 하도록 만들어진 도구다. 그것으로 쓰는 글씨가 굵은지 가는지는 사실 중요하지 않다. 가는 글씨를 써냈던 연필도 심이 닳으면 굵게 써진다. 기울기만 살짝 바꾸면 다시 날카로워지고, 돌려가며 잘 쓰면 총알처럼 뾰족해지기도 한다. 이것을 반복하다 보면 심은 점점 짧아진다.

1년 전에 넣은 심을 아직 반도 쓰지 못한 것을 보면 이 굵은 심을 넣은 샤프가 얼마나 경제적이고 친환경적인 필기구인지 새삼 깨닫는다. 플라스틱으로 만든 샤프의 몸통 역시 앞으로 100년을 써도 썩지 않을 것이다. 문방구에서 파는 500원짜리 너무나 싼 이 필기구로 나는 어떤 글이든 쓸 수 있다. 가는 글씨는 굵게, 굵은 글씨는 가늘게.

글쓰기에서 연필은 그것의 소임이 중요하지, 종이에 닿는 심의 끝이 날카로운지 뭉툭한지, 글씨가 굵은지 가는지는 상관없다. 우리네 삶도 마찬가지다. 하루하루 살아 내는 것이 중요할 뿐. 멋있어 보이게 또는 우직하게, 남 보기에 좋거나 나만 좋거나 하는 것은 다 별 의미가 없다. 몽당연필이라도 글씨를 쓸 수 있다면 버리지 않듯, 최선을 다해 살았다면 누구나 이 땅을 떠나는 날 부끄러움이 없을 테니까.

새 신문, 새 작품 그리고 새 삶

국문학 박사과정을 밟던 시절, 대학원 도서관 휴게실에는 늘 낯선 신문 한 무더기가 쌓여 있었다. 창간한 지 얼마 되지 않은 신문이었는데 누군가가 널리 알리기 위해 매일 갖다 놓는 듯했다. 그 무렵 한창 논문을 쓰던 나는 아침이면 도서관에 출근 도장 찍듯 나가 작업하고 저녁이면 집에 돌아오는 가열한 삶을 살았다. 그럴 때 잠깐 휴식하며 쌓인 신문 하나를 집어 펼쳐 보면서 제법 큰 청량감을 느꼈다.

새로 만든 신문이라 편집 방식이 참신했고 특이한 내용도 제법 있었다. 그 가운데 단연 눈에 띄는 소식은 '문예사계'라는 이름의 작품 현상공모였다. 자세히 읽어 보니 해당 신문사가 신춘문예 대신 계절마다 한 명씩 장르별로 작품을 뽑는다는 것이 아닌가. 벌써 세 번을 뽑았고 마지막 계절인 겨울에 새 작품을 기다린다는 내용이었다. 가슴이 뛰었다. 박사논문을 쓰느라 깊이 묻어 둔 창작욕이 판도라의 상자가 열리듯 다시 솟구친 것이다. 물론 논문이라는 우선순위를 잊고 있지는 않았다.

그날부터 귀가하면 시간 날 때마다 컴퓨터 하드디스크에 깊숙이 묻어 뒀던 소설 파일을 불러내 다듬었다. 가장 자신 있는 작품을 써 보내야 한다는 생각에 골라 든 소설은 단편 〈선험(先驗)〉. 5~6년 전에 써 놓은 글이었지만 시간 날 때마다 고치고 또 고쳐 더 이상 다듬을 구석이 없을 정도로 써냈다.

이 작품을 쓰게 된 계기는 잠시 간호대학에 다녔던 하나뿐인 내 여동생으로부터 시작한다. 당시 여동생이 받아 온 교과서들은 매우 흥미로웠다. 그중 심리학 교재를 넘겨 보다 우연히 '선입견'을 다룬 부분을 발견했다. 제목 없는 글과 아리송한 표현들을 제시하고 이 글이 무슨 내용인지 맞혀 보라는 질문이 적혀 있었는데, 이때 나는 제목 없이 글을 읽으면 실태를 파악하기 어렵다는 새로운 난감함에 직면했다. 동시에 세상 사물과 사건을 먼저 경험한 뒤에 의미를 부여하는 또 다른 인식 체계의 접근방법을 배웠다.

이때 느낀 점을 떠올리며 독자들에게 내가 서술하려는 사물이 무엇인지 눈치채지 못하도록 화두를 던지는 소설을 쓰고 싶었다. 그리하여 만들어진 것이 2인칭 소설 〈선험〉이다. 이 작품의 주인공은 바로 당신이며 소설은 이렇게 시작한다.

> 당신이 행하고자 하는 이 작업의 준비 상황을 설명하는 건 그리 어려운 일이 아니다. (…)

문장의 '당신'이라는 지칭에는 독자가 긴장을 늦출 수 없게 만들려는 의도를 담았는데, 여기에는 내 자전적인 배경도 영향을 미쳤다. 내가 소설을 쓴다고 했을 때 주변의 평가는 대부분 부정적이었다. 당시 문단 풍토가 경험과 현장을 중시했기에 활동이 제한적인 내가 작가로서 성공을 기약하기 어렵다는 것이었다. 이런 말만 가득한 환경에서 나는 선험적인 사고로도 얼마든지 글을 쓸 수 있다는 것을 보여 주고 싶다는 오기가 생겼고, 이는 글을 써 내려가는 원동력이 됐다.

하지만 이 소설은 5년이나 더 지난 뒤에야 완성했다. 같은 학교 중문과의 K라는 여자 후배를 만났기 때문이다. 내 작품을 보고 싶다길래 몇 편의 습작을 건네자 K는 소설의 3분의 1에 해당하는 부분을 콕 집어 군더더기라고 지적하며 "독자 입장에서는 없어도 되는 부분이에요. 덜어 내면 어떨까요?"라고 말했다.

어차피 나는 내 글이 완벽하다든가, 한 글자도 고치면 안 된다든가 하는 식의 글에 대한 집착이 별로 없었다. 못 할 것도 없다는 생각에 과감히 삭제하니 정말 알찬 글로 변신했다. 한마디로 꼭지를 딴 것이다.

이 소설을 이웃집 친구처럼 한 번씩 불러내 읽으며 다듬는 일은 차라리 즐거움이었다. 논문을 쓰느라 건조한 논리와 이성의 문장을 짜내며 혹사당한 나의 뇌는 작품을 수정할 때 비로소 감성의 샤워로 활력을 되찾았다. 이 작업은 신선하지 않을 수 없었다. 마침내 공모 마감 전에 마무리했으나 완성이라기보다는 반짝이는 구리거울을 더 빛나도록 연마한 격이었다. 학교 우체국에서 작품을 발송한 뒤에는 박사논문 심사의 긴 여정이 시작돼 한동안 잊고 살았다.

마지막 심사를 앞둔 12월 중순의 어느 날, 그 신문사의 S부장이 전화를 걸어왔다. 까맣게 잊었던 내 소설이 당선됐다는 통보였다. 믿을 수 없었다. 논문 심사장에서 이 사실을 발표하자 심사위원 교수 전원이 큰 박수갈채를 보냈다. 모두 국문학자라 신춘문예에 소설이 당선된다는 게 어떤 의미인지 너무나 잘 알고 있었으리라.

다음 해에 나는 박사 학위와 소설 등단이라는 칼을 양손에 하나씩 들고 이 험한 세상에 나올 수 있었다. 지금도 모니터의 커서가 깜빡일 때면 나를 구원으로 이끌어 오늘날의 작가 고정욱을 만든 등단작 〈선험〉을 기억한다. 내 문학은 내 삶의 선험이었다.

작품에 고언을 던진 K와 작가로 활동하기 어려울 거라며 나를 자극해 글 쓸 힘을 줬던 이들에게 심심한 감사의 말을 전한다. 참고로 K는 지금 저작권 에이전시 회사의 대표가 됐고, 중견 매체가 된 새로운 신문은 〈문화일보〉다.

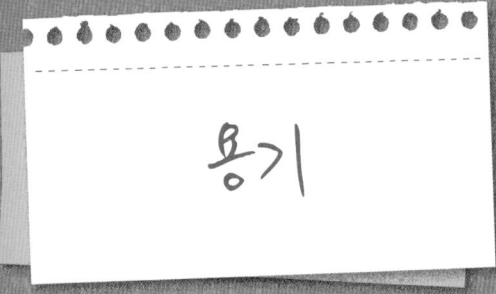

변화를 이끌어 내는 단어

고마운 결핍

얼마 전 이 세상에 위대한 업적을 남긴 위인들에 대한 책을 기획했다. 그들이 무슨 힘으로 인류의 역사에 길이 남을 업적을 남겼는지 알아보고 싶었기 때문이다. 그 놀라운 비밀만 알아내면 많은 사람이 자신이 꿈꾸는 성공한 삶을 살 수 있으리라 생각했다.

　자료조사 결과 내가 발견한 위인들의 공통점은 모두 무언가 하나씩 결핍된 조건하에서 인생을 시작했다는 것이다. 모든 것을 다 갖춰도 어려울 듯한데 부족한 사람이 업적을 남겼다니. 이해하기 힘들었지만 사실이었다. 세종대왕은 늘 건강이 안 좋았고 헬렌 켈러는 보지도 듣지도 말하지도 못하는 삼중고를 겪었으며, 나폴레옹은 변방 출신의 시골뜨기에

키는 자라다 만 것처럼 작았다. 이들은 자신의 부족한 부분을 노력과 인내, 집념으로 채워 넣었고 이것이 우리에게 놀라운 업적으로 나타난 것일 뿐이었다. 한마디로 결핍이 그들의 경쟁력이 된 것이다.

오늘날 부모들은 자녀가 다른 아이들과의 경쟁에서 뒤지지 않게 하겠다며 희생과 헌신, 투자를 아끼지 않는다. 나는 이 아이들이 행복할지, 행복해질 수 있을지 하는 의문이 든다. 누군가가 모든 것을 대신해 주면 성인이 됐을 때 오히려 역경과 고난에 취약하지 않을까? 매정하게 들릴 수도 있지만 결핍이 없는 삶은 도전의 기회를 잃게 하고, 고난을 극복하는 과정에서 얻는 성장의 기회도 놓치게 하니 말이다.

2024년, 뜻밖의 좋은 소식이 찾아왔다. 내가 쓴 청소년 에세이 《나에게 나다움을 주기로 했다》가 청주 시민독서운동 캠페인에서 대표 도서로 선정된 것이다. 대표 도서가 된 책은 청주 시민들이 함께 읽고 토론을 나눈다고 했다. 덕분에 청주에서 강연과 사인회를 진행하게 돼 바쁜 연말 일정 속에서도 꼼꼼하게 동선을 짰다. 오전에는 제천, 오후에는 청주. 다행히 제천과 청주는 이동하기에 먼 거리가 아니었다.

그런데 당일이 되자 문제가 생겼다. 하필 그날 첫눈이 어마어마하게 쏟아진 것이다. 출발하면서 보니 서울도 도로 곳곳이 눈으로 뒤덮여 있었다. 대부분은 이런 상황에서 제시간에 도착하지 못할까 봐 불안해하겠지만 나는 별로 걱정하지 않았다. 강연이 있는 날이면 가능한 한 아침 일찍, 미리 이동하는 습관이 있기 때문이다.

사람들이 나를 바라보는 편견 어린 시선에는 '장애가 있으니 강연에 늦거나 못 올 거다'라는 생각도 있다. 기동성이 떨어질 수 있다는 사실은 누구보다 내가 가장 잘 안다. 나는 방법을 강구하다 아예 장애가 나를 방해하지 못하도록 더 일찍 움직이기로 했다.

그날도 마찬가지였다. 새벽부터 차를 몰아 눈 덮인 고속도로를 엉금엉금 기어가 강연 시작 시각보다 이른 8시 30분에 제천에 도착했다. 강연을 잘 마치고 청주로 이동하는데 담당자에게 연락이 왔다.

"선생님, 눈이 너무 많이 와서 지금 차들이 미끄러지고 있습니다. 강연을 취소해야 할 것 같아요."

나는 단호하게 대답했다.

"무슨 말씀이세요? 저는 이미 제천에서 강연 마치고 청주로 가는 중이에요. 강연 강행합니다!"

하늘이 도운 것인지 오후가 되자 기온이 오르면서 눈이 녹기 시작했다. 청주 행사장에 많은 사람이 와 준 덕분에 무사히 강연과 사인회를 진행할 수 있었다.

"고정욱 선생님, 늦으시죠? 못 오시죠?"

여전히 나는 이런 전화를 받는 것이 가장 싫다. 장애라는 결핍이 오히려 나를 더 강하게 만들었으니까. 지금은 약점을 장점이자 경쟁력으로 삼아 보람찬 삶을 살고 있고 독자들의 사랑을 받는 작가가 됐다. 결정적인 결핍을 이겨 내기 위한 노력이 오늘날의 나를 만들었다고 생각한다.

책을 쓸 때는 독자들에게 들려주고 싶은 인생 경험 가운데 알맹이를 모아 적는다. 내 책을 읽은 어린이와 청소년이 이 말 한마디만 할 수 있으면 더 이상 바랄 것이 없겠다.

"고정욱 선생님도 했는데, 내가 왜 못해? 나는 더 잘할 수 있어."

울보였던 아이

어린 시절 찍은 사진에는 활짝 웃는 모습이 하나도 없다. 대부분 우울한 표정이거나 무표정일 때 또는 너무 분해서 훌쩍거리며 울고 있을 때 찍힌 것들뿐이다.

초등학교 5학년이 될 때까지 많이 울었다. 속상함을 울면서 풀었다. 어려서부터 억울한 일과 의욕이 꺾이는 일을 많이 겪었다. 세상은 넓고 하고 싶은 것도, 가고 싶은 곳도 많았지만 자유롭게 움직일 수 없으니 다른 방법이 없었다. 정말 옳은 일, 해야 할 일이 눈에 보이지만 할 수 없을 때의 그 속상함은 아무도 모를 것이다. 하지만 지금 생각해 보면 이때 흘린 눈물이 나를 더욱 옭아맸던 듯하다.

나는 어머니의 심부름을 하지 않고 뺀질대는 동생들을 볼 때면 이렇게 한탄하곤 했다.

"어머니, 제가 다리만 안 아팠어도 당장 가게에 가서 심부름했을 텐데요."

"설 수만 있어도 제가 저 위에 있는 거 꺼내 올 텐데요."

할 수 없는 것에 대한 아쉬움에 이런 말들이 버릇처럼 나왔다. 하고 싶은 일을 할 수 없다는 마음, 그 감정 속에 갇혀 있었다.

그때는 세상 사람 대부분이 원하는 것을 다 하며 살지 못한다는 사실을 몰랐다. 이를 알고 나서는 아무리 울고 발버둥 쳐도 안 되는 건 안 된다는 것도 깨달았다. 더 이상 자책할 필요가 없다는 사실도 알았지만 이미 내 안에 깊이 자리 잡은 자책하는 습관을 버릴 수는 없었다. 성격도 예민해서 누군가가 내 일을 방해하거나 짜증을 유발하면 분노가 폭발했다. 아마 내 욱하는 성격은 장애와 관련이 깊은 듯하다.

중학생 때는 동생에게 너무 화가 난 나머지 이성을 잃고 옆에 있던 전기난로를 집어 던지려고 번쩍 들어 올리기까지 했다. 그런데 바로 그 순간 물벼락이 쏟아졌다. 당시의 전기

난로는 가습 기능이 있어 작은 물탱크가 달려 있었다. 물이 끓어오르며 실내를 가습하는 장치였다. 난로를 들어 올리니 그 안의 물이 그대로 내 머리 위로 쏟아진 것이다.

동생들은 놀라 도망쳤다가 이내 일제히 웃음을 터뜨렸다. 나는 웃을 수도, 울 수도 없는 상황이 됐다. 다행히 난로는 꺼져 있었다. 만약 던졌다면 난로가 망가져서 부모님께 크게 혼났을 터다. 마치 누군가가 나에게 "정신 차려!" 하고 일침을 가한 것만 같았다. 덕분에 난로를 제자리에 내려놓으며 결심할 수 있었다.

'앞으로 화내는 사람으로 살지 않을 거야.'

이후로는 화를 내는 대신 흘려보내기로 했다. 분노를 폭발시키는 대신 감정을 조절하는 법을 배우기로 했다. 성인이 돼서도 화가 치밀어 오를 때면 화내는 나 자신을 또 다른 내가 지켜보는 방법으로 마음을 다스렸다. 화를 내는 내 모습을 객관적으로 바라보는 연습을 한 것이다.

하나 더, 자책해야 한다는 강박을 버리기로 했다. 비난하는 것은 오히려 나의 영혼을 피폐하게 만들 뿐이었다. 내 모습을 인정하고 있는 그대로 받아들이려 노력했다. 내가 할 수 있는 일에 집중하고 남들을 바꾸려는 생각도 내려놨다. 타인을 판단하더라도 마음속에만 담아둘 뿐 입 밖으로 내거나 절대적인 기준으로 여기지 않았다. 그러다 보니 스스로를 비난할 필요도, 남을 비난할 필요도 없었다. 이를 통해 자연히 여유와 미소를 되찾았다. 물론 자라면서 꼬장꼬장해지긴 했지만 이 깨달음이 없었더라면 꼬장 부리는 것을 넘어서는 성격이 되지 않았을까?

대학생 시절, 교수님이 이런 말을 했다.

"남에게는 관대하게, 나 자신에게는 가혹하게."

나는 한동안 그 말을 신봉했다. 강력한 자기 관리라고 생각했다. 하지만 그것 또한 잘못된 것이었다.

'나 자신에게 왜 가혹해야 할까? 가뜩이나 힘든 세상을 살아가는 내가, 나를 한없이 사랑해 줘야 하지 않을까? 내가 나를 사랑하지 않는데 어떻게 남을 사랑할 수 있을까.'

2025년도 ALMA 후보에 오른 뒤 스웨덴으로 제출할 공적서, 쉽게 말해 평생을 정리한 문서를 작성해야 했다. 한 달 반 동안 끙끙대며 자료를 모으고 사진과 증빙 자료를 첨부해 오랜 시간 외국에서 생활한 지인에게 한번 보여 줬다. 그의 첫마디는 이랬다.

"선생님은 자기애가 참 강한 분이시군요."

자기애라는 단어는 때때로 부정적인 의미로 사용되기도 한다. 하지만 나는 그 말이 내 삶을 정확히 짚어 냈다고 생각했다. 자신을 억누르고, 속박하고, 자책하며 살았던 아이가 이제는 '자기애가 강한' 노년의 작가가 됐다.

두만강 흐르듯이

90세 중증 치매환자인 어머니의 유일한 취미는 거실 텔레비전으로 트로트 프로그램을 보는 것이다. 어쩌다 트로트가 부흥하게 됐는지 잘 모르겠지만 젊고 예쁜 꽃다운 청춘들이 트로트 가수가 돼 별별 스타일의 트로트를 불러 준다.

한번은 트로트의 원조라고 할 만한 〈눈물젖은 두만강〉이 흘러나왔다. 원로 가수 김정구가 구성지게 불렀던 명곡으로 내가 어렸을 때도 들은 노래였다. 어머니에게는 더욱 친근한 노래임이 분명했다. 뚫어져라 화면을 쳐다보며 노래를 듣던 어머니가 이렇게 말했다.

"야, 세월이 많이 변했다. 놀랍다."

"왜요, 어머니?"

"두만강 노래, 지금 들어 보니까 별로다."

어머니의 젊은 시절 향수를 자극할 줄 알았는데 별로라니? 알고 보니 하루 종일 신세대 트로트를 듣다 보니 옛날 노래가 성에 차지 않은 것이었다.

SNS에 책 쓰고 강연하는 게시물을 올리면 후배들은 이런 말을 한다.

"작가는 들어앉아서 글을 열심히 써야 하지 않을까요? 신비주의 같은 거 말입니다. 그래야 독자들이 궁금해하지 않을까요?"

틀린 말은 아니다. 작가는 작품 집필에만 몰입해야 한다는 의견도 충분히 존중받을 만하나. 하지만 그러기에는 시대가 변했다.

책보다는 영상과 음향에 익숙한 세대가 사회의 주축을 이루고 있다. 종이에 잉크를 바른 인쇄물에서 재미와 흥미를 느끼려면 한 글자 한 글자 텍스트를 읽어야 하는데 여기에는 자발적 집중력이 필요하다. 반면 영상이나 스마트폰 등을 시청하는 행위에는 비자발적 집중력이 발휘된다. 있든 없든 보기만 하면 그 안에 쑥 빠져들어 헤어 나오지를 못한다. 재미와 흥미, 관심을 끄는 정도에서 비교가 안 된다.

시대가 변한 지금, 신비주의에 빠져 작품만 쓴다는 이야기는 대중에게 절대 통하지 않는다. 나도 10년이고 20년이고 작품에 몰입해 완성도를 높이고 뼈를 깎는 기분으로 한 작품을 완성하고 싶다. 괴테가 《파우스트》를 60년간 집필했다는 신화적인 이야기처럼 말이다. 하지만 요즘 독자들은 작가가 먼저 다가가지 않으면 외면한다. 그래서 책 홍보 게시물을 올리고 강연을 다니며 팔로워들에게 열심히 공지하는 것이다.

까놓고 말해 제발 관심을 기울여 달라는 뜻이다. 궁금한 것이 있으면 이메일로 물어봐도 좋고, 전화로 물어봐도 좋다. 작가가 독자와 적극적으로 다양한 채널로 소통하지 않으면 그들이 그 작가의 작품이 무엇인지, 그가 어떤 사람인지 어떻게 인지하겠는가. 이제 작가는 독자들의 작가에 대한 관심이 책으로 이어지도록, 독자들이 작가가 주장하는 이야기에 고개를 끄덕거리게끔 설득력 있게 전달해야 한다.

한마디로 갈 길은 먼데 해가 지고 추위가 몰려오고 배가 고픈 격이다. 해결해야 할 난제가 한두 개가 아니다. 하지만 시대의 흐름에 맞춰 가려면 어쩌겠는가. 나도 열심히 유튜브에 영상을 촬영해 올리고 각종 SNS에 글을 올린다. 어디 그뿐인가? 그들에게 다가가고 싶어 명함을 대량으로 찍어 나눠 준다. 나와 소통하자는 의미로 말이다. 신비주의는 더 이상 유효하지 않다. 우리 작가들도 친근한 이웃처럼 손만 뻗으면 만날 수 있는 친근한 존재가 돼야 한다.

 오늘도 어머니는 트로트를 틀어 놓고 젊은 가수들의 노래를 신나게 즐기며 기뻐하고 있다. 두만강 푸른 물은 이제 다시 보기 힘들 듯하다.

작가만의 초능력

J 출판사 사장이 급한 일이 있는지 나를 출판사로 불렀다. 사장답지 않게 큰 덩치와 긴 머리, 산적 같은 용모는 카리스마가 넘쳤다. 우리는 루프탑에서 마주 앉아 이런저런 이야기를 나눴다. 옆자리에는 편집장이 배석했다.

만남의 요지는 자신이 기획한 청소년 소설을 집필해 달라는 것이었다. 이야기를 들어 보니 학교폭력에 관한 내용이었는데 구도가 독특했다. 학교폭력에 시달리는 주인공이 나중에 초능력을 발휘해 자신을 괴롭힌 녀석들을 다 무찌르는 전개로 써 달라고 했다. 지극히 폭력적인 내용이었다.

그동안 청소년 소설을 많이 썼고 상당한 성공을 거뒀다. 대표적인 작품이 《까칠한 재석이》 시리즈다. 학교 일진으로 주먹을 휘두르던 재석이가 개과천선해 공부하고 자신의 꿈을 찾아가는 내용이다. 한마디로 낭만적인 청소년 소설이다. 현실에 없는 이야기도, 불가능한 이야기도 아니다. 이러한 작품을 쓴 이유는 내가 리얼리즘 작가이기 때문이다.

내 관심은 항상 현실에 있었고 늘 주위에서 벌어지는 일을 소설의 소재로 삼았다. 여기에는 이공계로 진학하려고 물리, 화학, 생물, 지구과학 등을 공부한 경험에서 비롯한 과학 지식과 수리적인 사고방식도 한몫했다. 문학의 영역은 모든 상상을 허용하는 광활한 세계이니 말이다. 그렇지만 나는 설명되지 않고 납득할 수 없는 엄청난, 얼토당토 않은 이야기는 별로 쓰지 않았다. 아니, 쓸 수가 없었다. 허황하다 느끼기 때문이다.

하늘을 날아다닌다거나 땅을 파고드는 초능력을 가진 존재들의 이야기는 황당무계한 이야기로 치부해 왔다. 재석이에게 힘이 있다면 오로지 자신의 주먹뿐이었고 정의를 구현한다면 직접 나서서 일대일로 대결해 해결하는 것이었다. 그동안 내가 쓴 모든 장애 관련 동화와 청소년 소설도 모두 리얼리즘을 담은 글이었고, 현실에서의 문제를 날카롭게 보고 대안을 제시하는 내용이었다. 그런 나에게 요즘 아이들이 좋아하는 초능력을 가진 주인공을 만들어 달라니. 내 작품 세계가 변하는 문제였기에 참으로 고민됐다. 사장은 요즘 아이들이 관심 있어 하는 콘텐츠 시장 상황에 대해 설명해 줬다.

"넷플릭스 같은 OTT나 유튜브, 웹툰 플랫폼에서 각종 판타지가 뒤섞인 콘텐츠가 아이들에게 인기를 끌고 있습니다. 코로나19 팬데믹으로 인해 모두가 영상매체에 더 깊이 빠져들었죠."

나 역시 그런 흐름을 감지하고 있었으니 틀린 말은 아니었다. 그는 꼭 봐야 할 웹툰과 드라마라며 몇 편을 추천해 줬는데 나는 그 작품들을 보면서 끝없는 회의에 빠졌다. 솔직히 '이런 것까지 쓰면서 작가 생활을 이어 가야 한단 말인가?' 하는 자괴감이 들 지경이었다.

이런 고민을 할 수밖에 없었던 이유는 《까칠한 재석이》 시리즈로 대표되는 리얼리즘 이야기가 더 이상 요즘 청소년에게 가 닿지 않는 것 같았기 때문이다. 독자들은 이미 초능력, 요괴, 귀신이 등장하는 이야기에 익숙해져 있었다. 새로운 과제에 도전한다면 나의 작품 세계는 정말 크게 변할 수밖에 없었다. 미지의 세계에 발을 딛는 거다. 한두 달간 수도 없이 고민하던 중에 신문에서 최태원 SK 회장의 말을 읽게 됐다.

"하던 것을, 잘하던 것을 버리고 시장이 원하는 것을 할 수 있어야 한다."

그가 뒤늦게 시작한 반도체 사업에서 선두 주자가 된 이유가 바로 시장에 맞췄기 때문이라는 것이다. 결단을 내린 나는 출판사 사장에게 연락했다.

"좋습니다. 한번 써 보죠. 독자들이 원하는 이야기를 써 보겠습니다. 독자들이 그런 쪽으로 옮겨갔다면, 작가인 나도 따라가야지요."

이렇게 쓴 책 《버그 소년 우안태》가 최근에 발간됐다. 평행 우주에서 날아온 초능력자 주인공이 정의를 구현하는 내용이다. 의외로 독자들은 재미있다고 했다. 어느 중학생은 자기가 지금까지 읽은 책 가운데 가장 좋았단다. 물론 그 학생이 책을 얼마나 읽었는지는 잘 모르지만.

출간된 책을 손에 들고 곰곰이 생각했다. '작가에게도 특별한 힘이 있다면 기존의 스타일이 아닌 다른 작품 세계를 작가가 끊임없이 설정해 내는 것 아닐까?' 시장이 원하는 이야기를 만들어 내는 것. 나는 그것을 초능력이라고 생각한다.

틀 밖으로 나갈 결심

20여 년 전 내가 대학 다닐 때만 해도 캠퍼스에 낭만이 남아 있었다. 그래서인지 툭하면 휴강에 축제에, 행사와 시위로 어영부영 시간을 보냈다. 나는 학생들에게 엄한 교수였는데 아마 이에 대한 반사작용이 아니었을까 싶다. 출결 관리를 철저히 하는 것은 물론 리포트 과제도 많이 내줬고 공부도 많이 시켰다. 당시 나는 학생이라면 최선을 다해 공부해야 하고, 교수는 학생들을 그렇게 지도해야 한다는 신념이 확고했기 때문이다.

성적도 혹독할 정도로 박하게 줘서 F 학점을 받은 학생이 수두룩했다. 지금 생각하면 부끄럽지만, 그러면서도 성적이 좋지 않은 학생들은 노력하지 않고 요행수만 바라며, 나태하고 불성실하다고 단정 지었다. 성품까지도 좋지 않으리라 막연히 짐작했다.

학기 말, 성적 처리를 다 끝낸 내게 한 학생이 찾아왔다. 야간 강의를 듣는 학생이었는데 언뜻 봐도 나보다 나이가 많아 보였다. 그는 공손히 인사했다.

"선생님, 이번에 선생님 과목 F 맞은 아무갭니다."

이 시기에 찾아오는 학생은 대부분 자신의 학점을 올려 달라고 사정하거나 성적 처리에 이의가 있다며 항의하기에 긴장했는데, 이어지는 그의 말은 예상과 달랐다.

"제가 직장에 다니는 관계로 수업에 늘 늦고, 결석도 여러 번 하고, 수업도 제대로 못 따라갔습니다. F 학점 맞는 게 당연합니다. 열성적으로 가르쳐 주셨는데 부응하지 못해 정말 죄송합니다. 내년에 다시 신청해서 들을 때는 제대로 공부하겠습니다. 한 학기 동안 감사했습니다."

편견이 깨지는 순간이었다. 학업 성적이 인생의 성적과 비례하지 않는다는 사실을 그제야 깨달은 것이다.

한번은 여동생에게 이런 말을 들었다.

"오빠는 작가면서도 지식인인데 어떻게 그런 말을 할 수 있어요? 일부 몰지각한 사람들의 사례를 보고 전체가 그런 것처럼 일반화하다니!"

자초지종은 이렇다. 당시 여동생의 남편, 즉 매제는 대기업에서 명예퇴직을 하고 시골로 내려가 유기농 연구소에서 일하고 있었다. 친환경이니 무농약이니 하는 유기농 재배를 실험하고 연구 결과를 농민들에게 전하는 업무를 하고 있었는데, 실상 하는 일이라고는 하루 종일 농사짓는 것이었다. 그래서 무심코 편견이라는 생각은 하지도 못한 채 여동생에게 이런 말을 던지고 말았다.

"야, 그 유기농이라는 거, 낮에는 농약 안 치고 밤에 몰래 나가서 치는 거 아니야?"

지금은 마트에서 유기농 작물을 쉽게 접할 수 있지만 그때까지만 해도 제초제와 농약, 화학비료 등을 사용해야 제대로 된 농작물이 수확된다는 인식이 일반적이었다. 그래서인지 비슷한 기사가 신문에 여러 번 실렸고, 유기농 농법을 사용하는 사람들이 이웃 농가의 비난을 받는다는 이야기도 들었다. 유기농 작물에 달라붙은 해충들이 일반 농경지로 날아가 피해를 준다는 것이었다. 나 역시 농약이나 제초제를 사용하지 않고 좋은 작물이 나올지 의심했다. 잠시 후 매제가 와서 이야기를 듣더니 빙그레 웃으며 말했다.

"형님, 유기농 농법 연구는 농약을 치지 않고 더 품질 좋은 작물을 생산할 수 있느냐 없느냐를 따지기 위한 것이 아닙니다. 지속 가능한 농법을 연구하는 거예요. 약을 치지 않고 농사를 지으면 지력이 회복되고 건강한 땅이 됩니다. 그게 지구 환경 보호에도 도움이 되죠. 결국 우리가 오랫동안 농사를 지으며 먹고 살 수 있는 기반이 되는 겁니다.

농약과 제초제를 쓰느냐 마느냐는 아주 지엽적인 문제일 뿐이에요. 그래도 말씀드리자면 요즘은 유기농 인증이 엄격해요. 재배 과정에서 농약이 조금이라도 검출되면 다시는 유기농 딱지를 붙여서 제품을 팔지 못합니다."

유기농 재배에 대한 오해는 결국 무지로 인한 편견에서 나온 것이었다. 편견은 치기 어렸던 내가 그랬던 것처럼 사람들을 잘못된 방향으로 이끈다. 그릇된 선입견을 가져 상대방이나 상황을 일반화해 판단하려 하기에 관계에서 불화를 일으

키기도 한다. 중요한 점은 얼른 편견에서 벗어나는 것, 깨달았다면 실천에 옮기는 것이다.

  매제와의 대화 후 가급적 유기농식품을 섭취했다. 유기농 우유부터 유기농 달걀, 유기농 두부까지. 물론 가격은 비쌌지만 내 작은 소비가 유기농 농업이 지속되는 데 힘이 되고, 환경 보존과 후손들이 건강한 땅에서 살아가는 데 기여한다니 가슴이 웅장해졌다. 플라시보 효과인지 모르겠지만 몸도 조금은 건강해진 것 같았는데, 이 모든 것이 편견을 깬 덕분이 아니겠는가.

작지만 강한 대화

매일 신문과 인터넷 기사를 본다. 연이 닿아 만난 젊은이들과도 소통을 시도한다. 어디서 글의 소재를 발견할 수 있을지 모를 일이고, 나만의 생각에 갇혀 있지 않기 위해 세상과 소통하는 방법이기도 하다. 덕분에 요즘 젊은이들이 쓰는 용어라는 '캘박'이라는 단어도 새로 알았다. '캘린더 박제'의 준말이라는데, '중요한 약속을 잊어버리지 않도록 달력에 기입해 둔다'라는 뜻이라고 한다.

포털사이트를 켜고 뉴스 탭을 눌렀더니 사회면에 비슷한 제목의 기사가 줄줄이 올라온 것이 보였다. 한마디로 설명하자면 직장에서의 스몰 토크, 즉 일상적인 대화가 어렵다는 내용이었다. 동료들과 스몰 토크를 하지 않아 평판이 나빠져

진급 심사에서 부정적인 평가를 받을 위기다, 직장에서 동료들과 어떤 대화를 나눠야 할지 모르겠다 등…. 평소 사람 만나는 것을 좋아하고 이야기를 주도했던 사람이면 모를까, 말수도 적고 내향적인 사람이라면 쉽지 않은 일일 터다.

지금은 강연도 다니고 방송에도 여러 번 출연하며 꽤나 능숙한 언변을 구사한다지만 원래 나도 말을 잘하는 사람이 아니었다. 학급회의에서 손을 들고 의견을 발표할 때는 가슴이 벌렁벌렁 뛰고 목소리가 떨렸다. 지금의 나를 아는 사람이라면 상상하기 힘들 것이다.

한때 누군가와 대화를 시도하는 것을 어려워했던 입장에서 고언을 던지자면 그래도 여러 번 스몰 토크를 시도하는 것이 제일이다. 나 역시 그랬고, 지금은 스몰 토크의 위력을 크게 느끼고 있다.

방학이 끝나고 학기가 시작되면 전국의 학교들로 강연을 다닌다. 고맙게도 다양하고 많은 곳에서 불러 주기 때문이다. 어느 정도냐 하면, 며칠씩 강연을 다니는 동료 문인들도 깜짝 놀랄 만큼 매일 연이어 나간다.

낯선 지역에 도착해 기차에서 내리면 대합실에서 마중 나온 학교 선생님들과 인사한 뒤 주차장으로 이동한다. 이때 나는 평범하고 가벼운 스몰 토크를 던진다.

"오늘 날씨 참 좋네요."

"학교는 여기서 가까운가요?"

"아이들이 저를 기다리고 있나요?"

해도 그만 안 해도 그만인 이런 소소한 이야기를 하는 이유는, 별것 아닌 이 말로 나를 맞이하러 온 선생님들의 긴장한 얼굴이 풀리며 환해지기 때문이다.

나를 처음 만나는 선생님들은 내가 이름이 알려진 작가이기 때문인지 어려워하거나 긴장한 기색이 역력한데, 이렇게 얼마든지 편안하게 대답할 수 있는 질문을 던지면 금방 마음을 열고 답한다. 대화의 물꼬를 트고 차 안에서 담소를 나누면 학교에 도착할 때쯤 선생님들은 나와 깊은 친근감을 느낀다. 다른 사람과 다를 바 없는 편안한 대화를 통해 부담 없는 사람이라는 인상을 받았기 때문이리라. 이것이 바로 스몰 토크의 힘이다.

어릴 적 내성적인 성격에 우울한 아이였던 내가 이렇게 스몰 토크를 잘하게 된 데는 대화야말로 마음을 열어 주는 열쇠라는 것을 깨닫는 계기가 있었기 때문이다. 아무리 무뚝뚝해 말이 없는 사람이라 할지라도 스몰 토크를 던지면 반드시 대답을 하게 돼 있다. 묵살하는 건 예의가 아니라는 인식을 하기 때문이다. 대답에 대답이 꼬리를 물어 말을 이어 나가다 보면 자연스레 말문이 트이게 된다.

아내는 내가 이렇게 사람들과 이야기를 나누는 걸 만류하곤 한다. 쓸데없는 말을 해서 실수하거나 책잡힐 수 있으니 가만히 있으라면서 말이다. 물론 타당한 충고다. 말을 많이 하면 그런 불상사가 벌어질 수도 있기 때문이다. 굳이 하지 말아야 할 말을 해서 스스로 화를 자초하는 모습을 주변에서 흔히 목격할 수 있다.

하지만 나는 좀 다르게 생각한다. 긴장한 사람의 마음을 풀어 주고, 나아가 나를 처음 맞이하는 사람들, 특히 나 같은 장애인을 처음 만나는 이들에게 먼저 다가가 말을 건넨다면 대화는 이뤄질 수밖에 없다. 대화가 끝나면 이렇게 생각하게 된다.

'저 사람도 우리와 똑같네. 별다르지 않네. 대화도 잘되네.'
이는 곧 상대방에 대한 인식의 전환으로 이어진다.

스몰 토크는 힘이 세다. 그렇지만 사람들은 '내가 말을 잘 못 걸어서 기분 나쁘게 하면 어떡하지?', '무시당하면 어떡하지?'라고 생각하며 말 걸기를 주저한다. 두려워할 필요 없다. 말을 거는 건 돈 드는 일도 아니고 해를 끼치지도 않는다. 웃어 주는 건 친절의 시작과 같다. 먼저 말을 거는 것은 약점 잡히는 일도, 자존심을 낮추는 일도 아니다.

  말은 하라고 있는 것이다. 특히 듣는 사람을 위해서 하는 것이니 일종의 서비스다. 긴긴 여행길에 옆 사람과 대화 한마디 없이 가는 것은 얼마나 안타까운 일인가. 서로 대화를 나누다 보면 친구가 될 수도 있고, 뜻밖의 인연이 생길 수도 있다. 이것이 바로 대화가 주는 기쁨이다. 스몰 토크는 결코 보잘것없지 않다. 오늘은 여러분도 용기 내서 낯선 사람에게 작은 이야기를 던져 보는 것도 괜찮지 않을까?

홍보하는 자동차

글 써서 먹고사는 나는 항상 좋은 작품을 쓰는 것과 어떻게 하면 이것을 널리 알릴 수 있을지를 고민한다. 그러다 보니 책이 출간되면 출판사에 하는 부탁이 있다.

"이번에 나오는 책 광고용 스티커 하나만 만들어 주세요."

"네? 어디에 쓰시게요?"

"내 차에 붙이게요."

그러면 출판사 직원이 눈을 동그랗게 뜨고 나를 바라본다.

"뭐 이상합니까?"

"아니, 작가님이 광고를 차에 붙인다고 하셔서요. 그런 건 저희 출판사 직원들도 잘 하지 않거든요."

"그래요? 저는 차 타고 사방팔방 돌아다니기 때문에 광고

효과가 있을 거라고 생각하는데요."

"네, 아무튼 만들어 보내 드리겠습니다."

며칠 뒤 택배로 출판사에서 보낸 책 광고 스티커가 날아오면 나는 곧바로 차의 양옆과 유리창에 스티커를 붙인다.

마케팅의 시대라고도 할 수 있는 요즘은 홍보에 목숨을 걸어야 할 텐데 내가 할 수 있는 일이 별로 없다. SNS에 게시물을 올리거나 지인들에게 문자를 보내는 것은 너무 시시하고 파급효과도 그리 크지 않다. 오히려 아는 사람들만 계속 괴롭히는 느낌이 든달까. 불특정 다수에게 내 책을 알리고 홍보할 방법이 필요하다는 뜻이다.

그러던 어느 날 지나가는 승합차가 자기네 회사 제품 홍보 스티커를 겉에 붙인 걸 보게 됐다. '바로 저거다' 하고 벤치마킹해 나도 책을 낼 때마다 차에 홍보 스티커를 붙이기로 결심했다. 이래 봬도 전국에서 강연 초청을 받는 나름 유명 강사(?) 아니던가.

서울·경기 지역 강연에는 직접 운전해서 가는데, 고속도로나 국도를 이용하면 하루에도 수백 수천 대의 자동차들이 스쳐 지나가며 내 차에 붙은 스티커를 보게 될 것이다. 이 얼마나 멋진 아이디어인가. 또 지방에서 강연할 때는 비행기를 이용하는데 그럴 때면 공항 주차장에 차를 하루 종일 세워 둔다. 유동 인구가 엄청난 길목에 차를 세워 두면 알아서 입간판 노릇을 할 테니 비싼 주차 요금을 일부라도 회수하는 일거양득의 방법이 아니겠는가.

 물론 부작용도 있었다. 같이 토크쇼를 하는 가수가 내 차를 보더니 나이트클럽 광고 같다며 배를 잡고 웃는 게 아닌가. 그런데 나는 오히려 그 말이 칭찬으로 들렸다. 그렇다. 나이트클럽 광고처럼 보이게 하는 것이 정말 내가 원하던 것이었기 때문이다. 한 사람이라도 더 주목할 테니 말이다.
 출판사 사람들도 이걸 보면 자신들도 차마 이렇게는 못 한다면서 혀를 내둘렀다. 출판사 영업부 직원들이야 월급을 받겠지만 나는 내 책을 팔아야 먹고산다. 그런 면에서 내 자동차야말로 최고의 광고판이다. 고맙게도 내 차는 승합차라 옆면에 붙일 공간이 많아 신간이 나올 때마다 이 책 저 책 홍보 스티커를 붙이고 다녔다. 가끔 경계가 삼엄한 지역을 지나

가면 웃지 못할 해프닝이 벌어지기도 했다.

과거 청와대 앞길은 시내가 복잡할 때 이동시간을 줄일 수 있는 지름길이었다. 최단 거리를 이용하려고 진입하면 경비하던 경찰관들이 허둥지둥 내 차를 막아섰는데, 울긋불긋한 뭔가가 차체에 붙어 있으니 선동 문구나 격한 구호가 아닌지 살피려 멈추게 한 것이다. 본래 대통령 집무실이 청와대에 있었으니 그럴 법도 하다. 사실을 알면 멋쩍게 웃으며 통과시켜 주지만 요소요소에 서 있는 경호원마다 내 차를 눈에 불을 켜고 쳐다봤다. 정말 광고효과 만점이라 하지 않을 수 없다.

자동차는 생활 편의 도구다. 어떤 사람은 사치품으로, 어떤 사람은 친구로, 또 어떤 사람은 신분을 과시하기 위해 탈지도 모르겠다. 나에게 자동차는 재활 도구이자 휠체어를 타야 하는 나를 어디든 데려다주는 정말 고마운 친구다.

자동차는 언제나 나를 편안하게 감싸 주는 존재이기도 하다. 나는 지방에서 힘들게 강연을 마치고 밤늦게 주차장에 홀로 서 있는 차에 다가가면서 다정하게 말을 건다.

"나 왔다. 기다리느라 고생했지."

시동을 켜고 움직이면 차는 반갑게 나를 맞이해 준다.

"홍보 많이 했지? 고마워."

들리지 않아도 대답했으리라고 믿는다.

이 친구 덕분에 수많은 책과 사인지 같은 무거운 짐도 얼마든지 싣고 다니며 학생들이나 청중에게 나눠 줄 수 있다. 내 생계에 도움을 주는 동반자인 자동차에게 감사 인사를 전하지 않을 수 없다. 내가 운전하고 다닐 수 있는 그날까지 내 자동차에는 광고판이 항상 붙어 있을 것이다. 길 가다 혹시 울긋불긋하게 광고를 붙인 자동차를 보거든 손 한번 흔들어 주기 바란다. 내가 자동차와 동업하면서 어딘가로 가고 있는 것이다 나는 아무래도 물신 사상(?)이 있나 보다.

에너지 창고

내 서재 한편에는 커다란 상자 하나가 입을 벌린 채 놓여 있다. 안을 들추면 잡동사니처럼 보이는 물건이 가득하다. 학생들이 보내 준 편지, 작은 선물, 사진 액자, 연필, 지우개 같은 것들이다. 얼핏 보면 허접한 쓰레기 같지만 내게는 소중한 보물이다. 강연을 들은 학생들에게 받은 마음이기 때문이다.

어떤 사람은 편지 같은 건 한 번 읽고 버리라고 하지만 나는 그럴 수 없다. 어린 학생 한 명 한 명이 읽어 달라며 정성껏 쓴 편지를 어떻게 버린단 말인가. 그래서 차곡차곡 모아 두다 보니 상자가 수십 개에 달하게 됐다. 책장 구석구석뿐만 아니라 아는 지인의 사무실 창고에도 쌓여 있다.

가끔 한 편씩 꺼내 읽으면서 크나큰 용기를 얻는다. 내 작품을 읽고 감동받았다는 말, 내 노력과 수고를 알아준다는 말들이 담겨 있기 때문이다.

고정욱 작가님, 힘내세요!
사랑합니다, 오래오래 사세요!

읽다 보면 웃음이 터지는 내용도 있어 나에게는 비타민 같은 존재다. 학생들은 자신이 쓰던 지우개, 볼펜, 먹던 초콜릿, 사탕, 손수 만든 색종이 꽃까지 건넨다. 역사를 기억하고 소중히 여기는 내게는 이 모든 것이 금괴나 다름없다. 박스가 가득 치면 또 하나를 마련해 차곡차곡 쌓아 둔다. 그렇게 내 보물 창고는 점점 더 풍성해지고 있다.

정신없이 강연을 다녀야 하는 9~12월이 되면 1년간 쓸 에너지가 소진되는 기분이다. 하루에 강연을 두세 번씩, 많을 때는 네 번까지도 하기에 집에 들어가면 탈진한 상태가 된다. 문제는 쉬지 못하고 다음 날 또다시 제주로, 부산으로, 목포로 떠나야 한다는 점이다. 이렇게 힘을 쓰다 보면 완전히 탈

탈 털린다는 느낌이 든다. 그러다 우연히 강연이 없는 날 모처럼 누워 있으면 동네에 사는 K 시인이 전화를 건다.

"고 선생, 점심이나 먹을까?"

"나 꼼짝도 못 하겠어. 힘이 하나도 없어."

"아무리 그래도 일어나서 움직이면 움직여져."

결국 강요에 못 이겨 무거운 몸을 이끌고 세수하고 양치질을 한 뒤 그를 만나러 나간다. 만나서 점심을 먹고 차 한잔 마시며 편하게 이런저런 이야기를 나누다 보면 어느새 몸의 에너지가 다시 차오르는 것이 느껴진다. 몸이 후끈후끈 더워진다. 말하는 행동에도 강력한 에너지가 필요하기 때문이다.

"아까 다 죽어 가더니 이젠 에너지가 넘치고 그러네?"

덕분에 집으로 돌아오면 다시 열심히 글을 쓰고 책을 읽는다. 정말 신기한 노릇이다. 어떻게 없던 에너지가 다시 솟아나는 걸까? 오늘도 문득 글감을 떠올리던 중, 안숙선 명창이 한 말이 생각났다.

"소리를 하다 보면 나이가 들어 힘이 딸리는 순간이 올 것이다. 그러나 전에 없던 '다른 힘'이 그것을 받쳐 주니 겁내지 마라."

나이 들어 늙고 힘 빠져서 그대로 포기하면 새로운 힘을 맞이하지 못한다. 마라톤에는 '러너스 하이(runners'high)'라는 용어가 있다. 완전히 지쳐 쓰러질 때 갑자기 새로운 에너지가 솟아난다는 것이다. 유산소운동으로 인해 지방이 곧바로 에너지로 전환되기 때문이라 한다.

달리기를 못하는 나는 과연 어떤 에너지로 매일매일 강연을 다니고 글을 쓰는 것일까. 고민해 보니 가족, 생계, 욕망, 소명 등 여러 요인이 떠올랐다. 아마 대부분의 사람이 마찬가지일 터다.

우리에게는 수많은 에너지원이 있다. 어떤 음식이든 먹으면 힘이 나는 것처럼 어떠한 명목이든 명분이든 우리의 힘이 된다. 그러한 명분과 명목이 있다면 지칠 수도, 포기할 수도 없다. 탈진해 쓰러질 것 같아도 다시 일어날 수 있다. 사람들은 이것을 정신력이라 부르지만 나는 다르게 부르겠다. '또 다른 에너지 창고'라고.

직업은 바꾸라고 있는 것

인간은 이미 인공지능에게 일자리를 다수 뺏겼다고 한다. 위기의식이 현실이 된 것이다. 무인 판매, 무인 정산, 자동 안내, 음성 서비스를 위한 기계가 벌써 주위에서 많이 보인다. 이러다 인간이 할 수 있는 일이 완전히 소멸될까 봐 두렵다.

직업의 변화는 인간의 삶과 비슷하다. 생명체처럼 끊임없이 발생하고 성장하며 소멸하는 과정을 거친다. 과거 동네마다 몇 개씩 있던 연탄 가게가 지금은 사라진 것만 봐도 잘 알 수 있다.

대학원에 진학하면서 대학교수가 되겠다는 꿈을 가졌다. 문학을 전공해 교수라는 직업으로 안정을 얻은 뒤 내가 좋아하는 글을 쓰리라. 지금 생각하면 얼마나 야무진 꿈이었던가. 대학교 강의를 시작하면서 교수의 길에 들어서는 것만 같았지만 결국 나는 대학 사회에 받아들여지지 않았다. 어느 대학도 휠체어 타는 교수를 받을 준비가 돼 있지 않았던 것이다.

두 번째 직업은 소설가였다. 장편소설을 써서 베스트셀러가 되기도 했고 여기저기서 원고 청탁을 받으며 전업 작가의 길로 들어섰다. 이 또한 오래가기를 원했다. 문학은 인류의 삶과 함께 커 왔기 때문이다. 사라지리라고 생각하지 않았다. 하지만 인터넷이 발전하고 출판 시장이 위축되면서 독자들은 소설 등 문학작품을 외면하기 시작했다. 인터넷의 보급과 스마트폰의 상용화로 그 속도는 더 빨라져 소설이 설 자리는 더욱 위축됐다.

그때 어쩌다 한 번 써 본 동화가 《아주 특별한 우리 형》이다. 이 작품이 베스트셀러가 되면서 동화작가의 길을 걷고 있다. 다행히 아동서 분야에서 좋은 성과가 났다. 많은 책이 베스트셀러가 됐고 지금도 나를 동화작가로들 알고 있다.

시간이 흘러 세 번째 직업이 생겼다. 결혼하는 사람이 줄어

들면서 출산율이 낮아지자 아동 출판 시장이 급격히 쇠락했기 때문이다. 우연히 학교에 초청받은 것을 계기로 전국의 학교로 강연하러 다니는 강사가 됐다. 책을 읽은 뒤 저자를 직접 만나고 싶어 하는 사람들이 있기 때문이다. 한 번 두 번 강연을 하자 자연스럽게 주업이 강사가 되고 글 쓰는 것은 부업으로 밀려나다시피 했다. 강연을 너무 많이 다니는 바람에 과로하기 일쑤였다.

짧은 인생에 벌써 직업을 몇 번이나 바꿨던가. 그래도 이렇게 살아남은 것은 내 앞에 길이 열리면 변화를 거부하지 않고 한 걸음씩 내디디며 새로운 삶을 만들어 간 덕분이리라. 흔히들 충만한 인생, 행복한 삶을 살려면 목표를 정하고 그쪽을 향해 열정적으로 매진하라고 하지만 나는 눈앞의 길에 한 걸음 한 걸음 내디디며 최선을 다한다면 꿈을 이룰 수 있다고 생각한다. 이를 운명, 더 나아가 소명을 향한 발자국이라 본다.

강연마저 없어지면 나는 무엇을 해야 하나. 마지막 직업을 선택해야 할 때가 서서히 다가온다. 평생 글을 쓰고 책을 읽은 작가이자 인문학자인 내가 할 수 있는 유일한 마지막 직업은 제자들을 양성하며 글을 가르치는 일이지 않을까. 변화에 순응할 준비는 돼 있고 도전할 마음도 있다. 수없이 많은 직업의 변화를 통해 살아남는 훈련이 됐기 때문이다.

인공지능이 아닌 더한 그 무엇이 와도 살아남을 수 있는 인간의 경쟁력은 즉시 변화를 수용하는 것뿐이다. 탄력성과 유연성만이 우리가 가진 절대무기. 직업이 거듭 바뀌며 내가 얻은 작은 결론이다.

소명

삶을 충만하게 만드는 단어

헬렌 켈러와 은총이

대학에 입학하면서부터 소설가가 되겠다고 생각했지만 쉽지 않았다. 글을 써 본 적이 많지 않았기 때문이다. 마침내 작가가 된 것은 1992년이었다. 대학원까지 들어가 공부하며 끊임없이 글 쓰는 훈련을 한 결과 대학에 입학한 지 12년이 지나서야 사람들에게 인정받은 것이다. 글을 쓰면서 수없이 고치고 다듬는 노력을 했다.

작품 하나를 쓰기 위해 수십 번을 읽고 고치는 그 과정은 참으로 괴로웠지만 즐거운 마음으로 할 수 있었다. 글 쓰는 일에서만은 장애가 있다는 이유로 차별받지 않았기 때문이다. 동화의 주제를 장애로 다룬 이유이기도 하다. 장애의 고통과 어려움을 글로 쓰면 이 동화를 읽은 이 땅의 어린이들이 장애인들의 어려움을 이해하게 될 것으로 믿기 때문이다.

어려서 읽은 책의 감동은 평생을 가는 법이다. 어릴 적 읽은 동화책 속 장애를 가진 주인공들의 마음을 이해한다면 커서 나 같은 사람을 만나도 차별하거나 고통을 주지 않으리라 생각한다. 그렇게 되면 장애인을 차별하지 않는 좋은 사회가 될 것이다. 내 책을 읽은 어린이들이 30년 뒤, 40년 뒤 이 땅의 주역이 되면 내가 겪은 서러움, 하고 싶었던 공부를 하지 못한 좌절감, 친구들에게 놀림을 받을 때의 창피함, 이동할 때 불편 겪는 일이 없는 세상이 되리라 믿는다.

잠깐 헬렌 켈러 이야기를 해 보겠다. 헬렌은 생계가 어려워졌을 때 서커스단에 들어갔는데, 무대에 서서 사람들에게 보지도, 듣지도 못하는 사람이 말하는 모습을 보여 줘야 했다. 그녀로서는 유쾌하지 않은 경험이었을 테지만 이는 당시의 '장애인은 아무것도 못한다'라는 편견을 부수는 일이었다.

이후 헬렌은 미국의 사회복지 문제를 앞장서서 해결하려 노력했다. 죽는 날까지 전 세계로 강연을 다니면서 장애인이 이렇게 행복하고 의미 있는 삶을 살 수 있다는 것을 보여 줬다. 일제강점기 때 우리나라에도 방문해 개성역에서 기차에 올라탄 채로 즉석연설을 하기도 했다. 나는 한국의 장애인도 이렇게 선한 영향력을 끼칠 수 있다고 믿었다. 내 작품에 그런 영향과 효과를 입히고 싶었다.

은총이라는 아이를 아는가? 내가 쓴 동화 《달려라 은총아》의 실제 주인공이다. 태어날 때부터 스터지·웨버증후군같이 듣도 보도 못한 희귀병을 여섯 개나 앓아 수술을 밥 먹듯 하며 고통을 겪는 아이다.

그런 은총이와 아빠는 철인 3종 경기에 참여한다. 아빠가 휠체어에 앉은 은총이를 밀면서 수영과 사이클, 마라톤을 완주하는 것인데, 은총이 아빠는 혼자 뛰어도 힘든 이 경기를 수년째 도전하고 있다. 아빠는 은총이를 보살피기 위해 직장을 관뒀지만 눈덩이처럼 커지는 병원비를 대려다 신용불량자까지 됐다. 그러면서도 남을 돕는 일에 늘 앞장서는 인물이며 푸르메어린이병원의 후원자이기도 하다.

나는 그런 은총이 부자를 동화 주인공으로 만들었다. 물론 책의 판매 수익 일부는 은총이에게도 나눠 주려는 마음이었다. 다행스럽게도 좋은 출판사가 내 뜻에 동참해 줬다. 지역난방공사에서도 관심을 보여 은총이의 이름을 건 철인 3종 경기를 매년 후원한다. 은총이 아빠는 방송에도 나오고 전국으로 강연을 다니며 삶의 기적을 이야기한다. 한마디로 지적장애아 은총이가 이 땅에 한 알의 밀알이 된 것이다. 나도 무척 큰 보람을 맛봤다.

그 후 낯선 번호로 전화가 왔다. 받아 보니 모 방송사의 작가인데, 자신들이 병원 관련 다큐멘터리를 찍고 있는데 희귀병 환자가 위급 상황이란다. 그 병이 바로 은총이가 앓았던 스터지·웨버증후군이었다. 《달려라 은총아》에서 은총이가 수술을 받아 상태가 좋아졌다는 대목을 읽었단다. 시간이 없다며 은총이 아빠에게 전화해 그 병원과 의사를 알고 싶다고 했다. 작품에서는 익명으로 처리했기 때문이다.

은총이 아빠가 기꺼이 도움을 주겠노라고 해서 두 사람을 연결해 줬다. 내 역할은 여기에서 끝났기에 그 뒤에는 어찌 됐는지 모른다. 그 환자가 새로운 희망의 끈을 찾아 회복의 길로 들어섰으리라 믿는다.

책 한 권의 힘을 생각해 봤다. 나는 동화 쓰는 일을 한다. 이 세상의 크고 거대한 일들에 비하면 아주 작고 보잘것없는 일일 수 있다. 문단에서는 소설을 쓰다 동화에 전념한다고 하면 낮게 보는 시선도 있다. 쓰는 글이 고작 어린이들이 읽는 동화냐는 식이다. 그냥 쓱쓱 쉽게 쓰면 되는 거 아니냐고도 하는데 이는 동화를 잘 모르는 사람이 하는 말이다.

　동화는 인간의 순수한 본성에 닿아 있는 문학 장르다. 잘 쓰기 어렵다. 동화에는 힘이 있다. 미래의 주인공인 어린이를 독자로 한다. 오래가는 영향력이 있다. 이제는 동화가 물에 빠진 자가 잡으려는 마지막 희망의 지푸라기일 수도 있다는 사실도 알게 됐다. 어쩌면 수년 전에 이 동화를 쓰면서 적은 희귀병에 관한 대목은 이름 모를 어느 위급한 환자의 생명을 살리기 위해 오래전에 준비된 것이었는지도 모른다. 내가 쓰는 이야기 하나하나에 얼마나 많은 알지 못할 뜻이 작용하는지 새삼 알게 됐다. 결과적으로 도구의 역할을 충실히 한 셈이다.

　사소한 동화 한 구절이 오늘 누군가의 삶에 희망의 불씨가 될 수 있다. 우리들의 말과 행동, 삶도 마찬가지다. 나는 다시 한번 헬렌 켈러의 삶을 본받아 죽는 날까지 이 땅의 장애인을 위해서 작품을 쓰고 강연을 하겠다고 결심했다.

  나중에 내가 죽으면 사람들이 나를 장애를 문학의 한 장르로 개척한 작가로 기억해 주기 바란다. 한번 이 땅에 장애인으로 왔으면, 살면서 고통과 어려움을 그대로 놔두기보다 뒤에 올 후배 장애인들을 위해서 그 어려움과 장애를 헤쳐 조금 더 나은 세상을 선물하는 것이 나의 일이라고 생각한다. 이것이 내 소명이다.

언행일치

어느 학교에서 강연을 마치니 학생 하나가 번쩍 손을 들고 질문했다.

"선생님 아파트는 몇 평이에요?"

순간 강당의 분위기가 얼어붙으면서 교사들과 일부 철든 아이들의 얼굴이 붉어졌다.

나는 강사다. 유치원부터 대학교, 기업, 교회, 도서관, 일반 직장까지 다양한 곳에서 하루에도 두세 번씩 강의한다. 어떨 때는 하루에 서너 번씩 장소를 바꿔 가며 강연을 하기도 하고, 전날 부산에 갔다가 다음 날 목포로 가는 강행군을 하기도 한다. 그러다 보니 별별 질문을 다 받는다.

차별받지 않는 사회를 만들겠다는 소명을 지닌 강사의 역할과 의무, 사회적 기능은 무엇일까. 강사란 자기 삶의 경험과 지식, 또는 정보를 대중에게 널리 알리는 직업이다. 우리나라의 경우 최근 강연 붐이 일어 수없이 많은 강좌가 열리고 있고, 텔레비전이나 각종 사회 행사 프로그램에도 강연이 특강, 토크쇼 등의 이름으로 당당히 자리를 잡고 있다. 학교에서도 작가와의 만남이나 각종 교육의 명목으로 강사를 초청한다.

사람들 앞에서 삶의 방향과 지표를 말하다 보니 가끔 두려움에 떤다. 나는 내가 하는 말을 책임질 수 있는 사람인가? 더불어 사는 삶을 이야기하며 스스로 못 지킨 적이 없던가? 자신이 한 말과 다르게 행동해 불명예를 당하거나 사회적 지탄을 받는 강사도 제법 많이 눈에 띈다. 심지어 고난을 이기며 참고 살라고 강연하더니 자살한 사람까지…. 말과 행동을 달리해 말에 담긴 힘을 없애 버린다.

말과 글이 넘치는 세상이다. 조심하며 말한 것을 실천하기 위해 노력하는 강사가 돼야 한다고 늘 다짐한다. 앞서 한 학생의 질문에도 눙치며 대답했다.

"응. 우리 집은 하도 넓어서 현관에서 내 서재까지 가는 데 3박 4일이나 걸려."

강당에 웃음보가 터졌다. 웃자고 한 질문에 죽자고 덤빌 필요는 없다. 남들 앞에서 강연하며 변화를 이끌어 내야 하는, 쉽지 않은 소명을 받은 자라고 이 정도 유머를 재능으로 주셔서 감사할 따름이다.

강연의 시대다 보니 유튜브에서도 좋은 강연을 시청할 수 있다. 어쩌다 필명이 알려진 관계로 사방에서 강연 요청이 오는데, 불려 가서 더듬더듬 이야기를 시작한 게 십수 년 전으로 이제는 닳고 닳아 장돌뱅이(?)가 된 느낌이다.

언딘에 올라가서 척 보면 오늘 강연은 어떤 식으로 해야 할지 알 수 있다. 대개 가져간 자료를 보여 주며 이야기하는데 나는 PPT를 가급적 쓰지 않는다. 미리 시나리오를 짜 놓지 않는다는 뜻이다. 그날의 분위기와 감흥에 맞게 원하는 자료를 꺼내 이야기를 풀어 간다. 그러면서 반응을 수시로 관찰한다. 그들이 어느 이야기에 환호하고 어느 이야기에 재미없어하는지 눈치를 살펴야 하기 때문이다.

노심초사하며 한 시간 두 시간 강연을 하고 나면 진이 다 빠진다. 그러면 강연을 들은 사람들이 달려와 이것저것 묻는다. 가끔은 강연을 잘한다는 소리도 듣지만 나는 타고난 선생 기질 탓에 사람을 윽박지르는 경향이 있어 결코 좋은 강사라 할 수 없다. 그래도 다른 강사들이 비대발괄하는 것을 봤기 때문인지 필요하다면 청중을 질책하는 모습을 오히려 훌륭하게 봐주는 듯해 감사할 따름이다.

대학 후배인 서경덕 교수를 만났을 때 우리는 서로 공감했다. 그는 독도 문제를 가지고 평생을 싸워 온 사람이고 나는 장애 문제와 약자에 대한 배려를 평생 떠들고 다니는 사람이다. 이 두 문제는 결코 쉽게 해결될 문제가 아니어서 우리는 웃으며 말했다. 평생 이야기할 화두가 있다고.

돌이켜 보면 인류 역사에서 말로 대중을 설득하고 변화를 시도했던 사람이 많다. 예수님이 그러했고 소크라테스, 공자, 붓다가 그랬다. 그들이야말로 듣는 자들의 영혼을 바꾸는 강연가라 할 수 있다. 우리의 삶도 바꿔 놨다. 나는 이들을 '절대 강사'라고 부른다.

이들과 다른 일반 강사의 가장 큰 위험성은 바로 쉽게 말이 나간다는 것이다. 행동이나 깊은 성찰에서 나오지 않은 말은 위험하다. 나도 '언행일치'가 강사로서 소명을 이루기 위한 가장 큰 덕목이라고 본다. 성경에도 '제 눈의 들보는 보지 못한다'라는 구절이 있다.

청중 앞에 서야 하는 오늘도 두렵다. 내 진정성이 제대로 전달되길 바라기 때문이다. 진정성을 갖고 임하는 것, 그게 어쩌면 소명을 이루기 위한 가장 정직한 방법이 아닐까.

돌아다님의 행복

우주의 생성 원리는 무엇일까? 바로 '움직임'이다. 우주가 커다란 폭발로 생겨났으며 지금도 팽창하고 있다는 빅뱅이론은 사실로 밝혀지고 있고, 이 중심에는 전동 휠체어를 타고 다니는 물리학자 스티븐 호킹 박사가 있다.

 우주 안에서 사는 사람의 삶에서도 움직임은 중요하다. 부단히 움직이고 돌아다니는 것, 그것이 사람 삶의 속성이다. 가만히 있는 것 같은 식물들조차 움직임의 연속으로 살아간다. 천천히 자라 지상에 뿌리내리고 자신이 살아갈 영역을 넓힌다. 인간도 끊임없이 영토를 넓히고 원하는 것을 얻기 위해 죽어라 돌아다닌다. 이를테면 홍대입구 번화가에서 볼 수 있는 사람의 물결, 이들에게서 인간 본성을 확인할 수 있다.

이 원리가 장애인만은 피해 간다. 장애인은 이동과 접근의 권리가 제한된다. 움직일 수 없고 나다닐 수 없다는 특성이 장애인을 장애인으로 만드는 것이다. 그런데 움직임이 비장애인과 장애인을 나누는 기준이라면 나는 장애인이 아니게 된다. 보조기의 도움을 받아 어디든 갈 수 있기 때문이다.

처음에는 목발의 덕을 봤다. 나는 목발에 의지해 등하교를 했고 수십 개의 목발이 부러져 나갔다. 의도치 않게 목발의 변천사와 함께하며 나무 목발부터 시작해 미제 목발, 스테인리스 목발, 알루미늄 목발까지 써 봤다. 목발은 점점 가볍고 강해졌으며 요즘은 티타늄 목발까지 나왔다.

다음으로는 휠체어다. 여덟 실 내 재활원에서 부모님이나 삼촌들의 등에 업히지 않고 스스로 이동하는 법을 배우면서 휠체어를 처음 만났다. 그야말로 놀라운 물건이었다. 올라앉아 바퀴를 굴리기만 하면 재활원 어디든 빠르게 갈 수 있었다. 밖으로도 마음껏 나갈 수 있었고 식당과 화장실도 내 힘으로 찾아갈 수 있었다. 여덟 살의 나는 그제야 진정한 '이동의 자유'를 느꼈다.

재활원에는 휠체어가 여러 대 있었는데 이 중에는 상태가 나쁜 것도 있었다. 좋은 휠체어를 차지하려면 아침 일찍 일어나는 수밖에 없었다. 먼저 일어나 좋은 휠체어에 올라타면 하루 종일 그 휠체어가 내 것이 되기 때문이었다. 때로는 휠체어 때문에 다툼이 일어났는데, 늘 타던 휠체어를 빼앗겼다며 울고불고하는 친구들도 있었다.

　그런 소란 속에서도 한 가지는 분명했다. 휠체어는 내게 '너도 얼마든지 세상을 누빌 수 있다'라는 가능성을 보여 준 소중한 존재였다는 것. 적당한 재활 도구만 있다면 나 역시 어디든 갈 수 있다는 희망을 선물한 친구였다.

　최근 장애인의 움직임에 가장 큰 도움을 주고 있는 보조기는 바로 전동 휠체어다. 전동 휠체어는 혁명적인 도구다. 이 친구 덕분에 우리의 삶이 분명히 변화했기 때문이다. 예전 같았으면 방에서 지낼 수밖에 없던 이들도 밖으로 나올 수 있게 됐다. 전동 휠체어는 손가락만 움직일 수 있으면 탈 수 있기 때문이다. 나는 내 장애가 그럴 정도는 아니라고 말하지만 언젠가 이용하게 되지 않을까 싶다.

인류의 역사는 늘 변증법적으로 발전해 왔다. 정(正)이 있으면 반(反)이 있고 합(合)을 향해 나아간다. 지금 장애인들은 이 세상의 불편한 접근권과 이동권에 안티(anti)를 걸고 있으며 전동 휠체어는 그 첨병이다. 수많은 리프트 사고는 뼈아프게도 합을 향해 나아가는 투쟁의 과정이다. 장애인들이 많이 돌아다니면 그만큼 장애인에 대한 인식이 개선되리라 믿는다. 이로 인해 장애인들이 가장 가슴 아파하는 '구경거리라도 보는 듯한 시선'을 비장애인들이 먼저 거부하게 되기를 바란다.

나는 누군가가 장애인에게 무엇을 도와주면 좋을지 물으면 전동 휠체어를 사 주라고 말한다. 전동 휠체어는 수동 휠체어 100대이 몫을 해내기 때문이다. 그들은 더 멀리 가고 오래간다. 그들이야말로 홍보대사다. 빨갛고 노란 예쁜 전동 휠체어가 이 땅 어디든 다닐 때 우리 사회는 턱 없는 사회가 되고, 장애인을 일상으로 여기게 될 것이다.

움직여 이동을 할 수 있게 되면 교육을 받을 수도 있고 일거리도 얻을 수 있다. 재택근무가 가능해진 시대, 컴퓨터로 못 하는 것이 없는 세상이라지만 장애인은 어쩔 것인가. 일단 몸을 움직여 회사에 들어가고 컴퓨터 다루는 법을 배워야 기술의 발전도 누릴 수 있다. 나는 장애인들에게 이렇게 말하고 싶다.

"장애인들이여. 전동 휠체어를 타고 많이 나가라."

방 안에만 있는 젊은이들에게도 이 말을 전하고 싶다.

"그대들도 나가라. 팔다리 멀쩡한 축복을 왜 낭비하고 있는가."

내가 꿈꾸는 세상

지하철을 몇 번 이용했는지 정확히 기억하는 사람은 없겠지만 나는 생생하게 기억한다. 평생에 딱 다섯 번 타 봤다. 중증 지체장애인이기 때문이다. 목발이나 휠체어 없이는 이동할 수 없는 내게 지하철은 난공불락의 요새와 같다.

요즘 새로 지어지는 지하철역에는 엘리베이터나 리프트가 있지만 오래된 역에는 장애인이 없는 세상을 가정한 듯 편의 시설이 전혀 갖춰져 있지 않다. 장애인은 무료로 이용할 수 있다지만 애초에 플랫폼까지 갈 수 없으니 코미디가 아닐 수 없다. 아무리 요금을 면제해 준다 한들 정작 탈 수 없다면 그게 무슨 의미가 있겠는가. 외계인에게만 지하철 이용 시 1억

원을 준다는 것과 다를 바 없는 말이다. 어떤 사람들은 이렇게 말한다.

"장애인들이 왜 굳이 나다니려 해요?"

"위험하게. 타지 말라는 리프트나 지하철을 왜 이용하려고 합니까?"

지하철은 더 많은 사람이 안전하고 편리하게 이동할 수 있도록 만들어진 공공교통수단이다. 장애인도 자유롭게 이용할 수 있어야 한다는 뜻이다. 지하철이 다니는 지역에 살고 있다면 출근길에 장애인 단체들의 지하철 시위로 고초를 겪은 적이 있을 것이다. 지각 위기에 몰려 발을 동동 구른 이가 많을 텐데, 사과를 전함과 동시에 양해를 구하고 싶다.

잠시만 장애인의 입장에 서서 상상해 주기 바란다. 만약 당신이 리프트를 타고 내려가다 크게 다치거나 심지어 목숨을 잃는다면 이는 누구의 잘못일까? 절대 당신의 잘못이 아니다. 엘리베이터 하나 갖추지 않은 지하철 시스템의 문제이자 장애인을 배려하지 않은 사회의 잘못이 아닐까.

장애인들에게 대중교통에서의 편의시설의 유무는 생명 그리고 기본권의 문제와 연관된다. 장애인도 학교에 가고 싶고,

직장에 다니고 싶고, 사랑하는 사람을 만나 연애하고 싶어 하지만 장애가 있다는 이유만으로 대중교통을 이용하지 못해 기본적인 권리조차 박탈당하고 있는 처지다.

그런 이유로 수많은 장애인이 지하철을 타고 싶다고, 버스를 이용하고 싶다고 목에 쇠사슬을 걸고 투쟁한다. 붐비는 만원 지하철, 때로는 참사가 일어나는 지옥철일지라도 장애인들은 그 지하철을 타고 남의 도움 없이 어디든 혼자 가기를 염원하고 꿈꾼다. 그러니 혹시 장애인들이 지하철을 점거해 운행을 방해하는 일이 불편하게 느껴지더라도 부디 너그러운 마음으로 이해해 주길 바란다.

장애인들의 권리를 존중하는 것은 여성과 성소수자, 다문화가정, 경제적 약자, 외국인노동자 등 다양한 소수자를 위한 일이기도 하다. 그들도 장애인과 마찬가지로 스스로 선택할 수 없는 조건들로 인해 차별받으며 사회의 차가운 시선을 견디고 있다. 한번 소수자에 대한 편견이 사라진다면 그 여파는 모든 소수자에게 미칠 수 있다. 사회가 다수의 편리함만을 위해 존재하는 것은 아니지 않던가.

이는 우리 모두를 위한 길이기도 하다. 만약 여러분이 내일 급작스럽게 사고를 당해 휠체어를 타게 된다면, 나이가 들어 거동이 불편해진다면, 당신의 자녀가 장애를 갖고 태어난다면? 장애는 언제든 누구에게나 찾아올 수 있다. 그렇기에 장애인을 비롯한 소수자들에게 관대해지면 그곳은 우리 모두가 살아가기 좋은 사회가 된다. 나와 다르다는 이유로 배척하기보다 서로 이해하고 포용하는 사회를 꿈꾼다. 그것이야말로 진정한 공동체의 모습이며 건강한 사회로 나아가는 길이라고 생각한다. 우리는 서로를 보듬고 함께 걸어야 한다.

나는 아직도 친구들에게 업혀서 몇 번 타 본 지하철의 아련한 기억을 간직하고 있다. 누군가에게는 출퇴근을 위해 들어가는 지긋지긋한 공간일지 모르지만 나 같은 사람에게는 너무나도 간절한 희망의 장소였다. 우리는 함께 만들어 가야 한다. 누구에게나 공정하고 따뜻한 세상을. 장애인도, 비장애인도, 모든 소수자도 차별 없이 살아갈 수 있는 그런 사회를 꿈꾼다. 함께해 주지 않겠는가?

손을 내미는 것만으로

요즘에는 전국으로 강연을 다닌다. 1년에 300회가 넘으니 거의 매일 강단 위에 서는 셈이다. 그만큼 많은 사람도 만난다. 물론 대부분은 내 책을 읽은 독자다.

강연에서는 이런저런 이야기를 하는데, 주로 장애인으로서 살아온 과정, 장애란 무엇인가, 장애인을 어떻게 대해야 하는가 등에 관한 내용이다. 나는 꼭 이야기를 마치면 사람들에게 질문을 받는다. 질의응답 시간이야말로 가장 중요하면서도 직접적인 대화의 장이 열리는 순간이기 때문이다.

이때 대부분의 비장애인이 꼭 하는 말이 있다. 장애인들에게 다가가기가 두렵다는 것이다. 장애인에 대해 아는 게 너무 없기도 하고, 큰 용기를 내서 길 가는 장애인에게 도움이 필요하냐고 물으면 돌아오는 대답이 없거나 퉁명스럽게 거부당하기 일쑤이기 때문이란다.

얼굴이 붉어지지 않을 수 없었다. 장애인에게 도움을 주고 싶어 물어 오는 사람은 정말 귀하다. 어지간한 비장애인보다 더 바쁘게 생활하면서 온 시내를 들쑤시고 다니는 나도 그런 사람은 6개월에 한 번 만날까 말까 한다. 그만치 사람들이 장애인에게 손 내밀지 못하는 것이다. 그런데 용기 낸 사람에게 무안을 줘 앞으로도 장애인을 돕고 싶다는 마음을 접게 만들다니. 이는 우리 장애인들이 반성해야 할 부분이다.

미안한 마음을 담아 대신 말해 보자면, 아마 개인적인 감정 때문이라기보다 여러 이유가 있을 것이다. 대부분의 시간을 집이나 병원, 시설에서 보내다 보니 사회성이 떨어져 정중하게 거절하는 것에 서투른 장애인이 많다. 또 장애인들은 장애 탓에 혼자서 할 수 없는 일이 많다 보니 어떤 일을 스스로 하기를 좋아하는데, 그래서 도움을 거절하는 경우도 있다. 장애인을 돕는 일에 숙달된 사람이 아니면 오히려 역효과가 나 위험해질 수 있기에 거절하기도 한다.

장애인 문제를 다루고 언급하는 사람들은 흔히 더불어 사는 세상을 바란다고 이야기한다. 더불어 사는 세상이란 어떤 세상일까? 나는 장애인의 입장에 서서 작은 배려를 건네는 세상이라고 이야기한다.

과거에는 중국집에 가면 김치를 내놓는 집이 없었다. 기름진 음식 때문에 김치 생각이 나도 그저 단무지와 양파 정도로 느끼함을 달래야 했다. 그런데 요즘에는 대부분의 중국 음식점에서 김치를 밑반찬으로 내놓는다. 부모와 함께 외식 온 젖먹이와 어린이들을 배려해 높은 의자를 마련해 두기도 한다. 그런 배려를 받은 손님이라면 다시 그 식당으로 가고 싶어지는 것이 인지상정 아닐까.

장애인과 비장애인이 더불어 사는 세상도 비슷하다. 1년에 한 번이라도 장애인이 오갈 가능성이 있는 곳에 경사로를 만드는 일, 그보다 더 큰 배려는 어디에도 없다. 게다가 경사로는 장애인뿐만 아니라 모든 사람이 편하게 이용할 수 있다. 택배 배달원과 어린이, 노인들을 사랑하는 길이기도 하다.

장애인 주차장에 차를 대지 않는 행동, 그것은 배려의 차원을 넘어 정의로운 일이다. 그곳에 주차한 뒤 장애인들과 다

투는 뻔뻔한 사람이 얼마나 많은가. 아니, 가짜 장애인 표식을 버젓이 달고 다니는 멀쩡한 사람은 또 얼마나 많은가.

 인도의 점자 보도블록 위에 물건을 쌓아 놓지 않거나 주차하지 않는 것, 그 작은 행동도 장애인을 이 세상에 함께 끌어안는 행동이다. 이 밖에도 얼마든지 장애인을 위해 실천할 일은 많다. 나열해 보자면 끝이 없다.

- 장애인이 드나들 때 문을 붙잡아 주는 일
- 병신이니 불구자니, 소경, 벙어리 등으로 부르지 않는 일
- 청각장애인 앞에서 작은 목소리로 말하지 않는 일
- 간단한 수화를 익혀 말을 건네는 일
- 사람이 가득 찬 엘리베이터가 중간층에 멈췄을 때, 장애인이 기다리고 있으면 탈 수 있도록 양보하는 일
- 장애인을 구경거리 보듯 하지 않는 일
- 장애인과 친구하는 일
- 비 내리는 날 장애인에게 우산을 받쳐 주는 일
- 장애인에 대한 새로운 소식이나 정보가 있으면 알려 주는 일
- 자신의 직장에서 장애인이 할 수 있는 직무나 업무를 찾아보

는 일
· 장애를 가지게 된 경위를 꼬치꼬치 묻지 않는 일
· 장애인은 몸은 장애가 있지만 영혼이 건강하고, 비장애인은 몸이 건강하지만 영혼은 그렇지 않다는 식으로 단순 비교하지 않는 일

　하지만 이 많은 것을 모든 사람이 외우고 익혀서 쓸 수는 없다. 결국 장애인에게 어떤 도움이 필요한지 물어보는 편이 가장 좋은데, 이때 장애인들이 퉁명스럽게 반응한다 해도 속상해하지 않으면 좋겠다. 앞서 말했듯 소통하는 것에 서투른 탓이니 장애인에게 한 번 거절당한 경험으로 도움의 손길을 멈추지 않았으면 하는 바람이다. 장애인들도 부득이하게 거절할 때 정중히 말하는 방법을 알아 두면 더욱 좋을 것이다.

　나는 이렇게 생각한다. 장애인에게 도움이 필요하냐고 물은 적이 있다면 당신은 이미 그를 도운 것이라고. 수많은 무심히 지나치는 비장애인들 사이로 다가와 그의 고통을 안쓰러워하고 노력과 시간을 들여 돕고 싶어 했다면, 그것이야말

로 선행이 아니겠는가. 분명 누군가가 기록해 놨을 것이다.

그러니 비장애인들이여, 장애인을 보면 용기를 내서 도움이 필요한지 물어보기 바란다. 그리고 거절당해도 절대 노여워하지 않기를 바란다. 이 세상은 당신의 착한 마음씨로 인해 분명 조금 더 좋은 세상이 돼 있을 테니까.

어떤 소녀의 마음속 이야기

탤런트 L을 처음 만난 건 2004년 늦가을이었다. 압구정동의 한 카페에서 마주한 그녀는 광고나 드라마에서 보던 것보다 더 맑고 고운 소녀였다. 커다란 눈망울과 투명한 피부, 인형처럼 아름다운 외모가 살아 움직이는 인형을 보는 듯했다.

"선생님 책을 읽고 감동받았어요. 그리고 부끄러웠어요."

그녀는 내가 보내 준 책을 미리 읽고 왔다. 아니, 어쩌면 휠체어에 앉아 있는 내 모습을 보고 지레 주눅이 든 것일 수도. 그날부터 L과의 대화가 시작됐는데, 그것은 조심스러운 힘겨루기이기도 했다.

곧 L의 부모님이 청각장애인이라는 사실을 알게 됐다. 부모와 대화할 수 없는 외로움이 있었을 텐데도 그녀는 또박또

박 말을 잘했다. 할아버지 덕분이었다. 그렇지만 아버지와 삼촌, 할머니도 청각장애를 갖고 있었기에 가족과의 소통이 어려웠다고 한다.

"저는 가족들하고 있어도 외로웠어요."

나는 그녀의 아픔을 책에서 이렇게 표현했다.

L은 밖에서 억울한 일을 당해도 엄마, 아빠에게 말할 수 없었다.
"엄마는 왜 말을 못하는 거야? 왜? 왜?"
L은 속이 미어지는 것 같았다. 부모님은 아무런 도움이 되지 못했다.

"목표가 뭐예요?"
"부모님을 편안하게 해 드리고 싶어요."

외동딸인 그녀의 소원은 무척 소박했다. 나는 평생 장애 유형별로 작품을 쓰겠다는 거창한 바람을 가지고 있었는데 말이다.

"선생님을 뵈니까 부끄러워요. 저는 장애에 대해 별생각 없이 살았거든요."

사실 나는 L이 이렇게 말한 것과 달리 장애인 단체의 홍보 대사로 활동하며 기회가 될 때마다 장애인을 돕고 있다는 것을 알고 있었다.

"저는 장애인을 향한 세상의 차별과 편견이 싫었어요. 특히 삼촌이 공사장에서 사고로 돌아가신 뒤 더 그랬어요."

L의 삼촌과 아버지는 건설 현장에서 목수로 일했다. 중학생 시절, 그녀는 삼촌이 사고로 세상을 떠나자 큰 충격을 받았지만 한류스타 이병헌의 사인회에서 매니지먼트 회사 직원에게 명함을 받으면서 삶이 기적처럼 바뀌었다.

"그날 명함을 받아 집으로 돌아오면서 처음으로 제 인생이 달라질 거라는 걸 느꼈어요."

그 후 그녀는 광고를 통해 스다가 됐고, 가속을 반지하에서 번듯한 아파트로 이사시키며 부모님을 편하게 해 주겠다는 꿈을 이뤘다.

나는 동화를 쓰면서 소명을 깨달았다. L 역시 자신이 장애인 가족으로서 겪었던 어려움을 바탕으로, 장애인을 돕고 싶다는 소명을 가진 듯했다.

"할아버지가 돌아가시면서 제가 많은 걸 느꼈어요."

할아버지는 L의 유일한 대화 상대였다. 나는 그녀의 이야기를 작품에 담았다.

L은 하늘을 바라보며 할아버지의 말을 떠올렸다.
'이제는 정말 밝고 희망차게 살아라. 우리처럼 힘든 사람들을 많이 도와주거라.'
L은 눈물을 흘리며 다짐했다.
'할아버지, 저 나중에 꼭 장애인을 돕는 일을 할게요.'

나는 신춘문예로 소설가 등단을 했지만 동화를 통해 더 큰 깨달음을 얻었다. 하느님이 내게 장애를 주신 이유는 그것을 극복하고 장애인을 위해 봉사하라는 뜻일지도 모른다.
L도 장애인 가족으로 살아오며 깨달음을 얻었고 앞으로 장애인을 돕겠다고 다짐했다. 나는 그녀가 앞으로도 선한 영향력을 펼쳐 이 세상을 더 나은 곳으로 만들기를 바란다. L 같은 사람이 많아질수록, 장애인과 그 가족 그리고 장애인을 친구로 받아들이는 사람이 더 늘어날 것이다. 그녀의 존재가 많은 사람에게 희망이 되기를 기대한다.

눈물 흘린 아이

어린 시절에 너무나 가난했다는 동료 시인이 있다. 청계천 둑방에 판잣집을 짓고 살았는데 파리들이 달라붙어서 정신이 없었을 정도였단다. 장마철에 홍수라도 날라치면 청계천 물이 차올라 둑 바깥으로 피신했다가, 물이 빠지면 돌아가 집 안의 오염물질을 닦아 내고 그 자리에서 다시 짐을 쌌다는 남의 나라 이야기 같은 경험담을 들었다.

그럴 때마다 달려와 주는 고마운 존재가 대한적십자사였다고 한다. 빨간색 십자가를 보면 안도감이 들면서 자신들을 도우러 온 그들에게 감사한 마음이 들었다고 했다. 어른이 된 지금도 적십자사 회비는 열심히 내고 있다고 한다.

방정환 선생은 우리나라가 일제강점기에 있을 때부터 어린이날을 기념했다. 어린이들에게 축제를 열어 줬고 아이들이 읽을 만한 동화책과 잡지도 펴냈다. 독립에 희망이 없다고 생각하던 그 시절에, 어린이라는 말도 없어서 '아이 놈'이라고 부르던 그때에 말이다. 이 얼마나 선진적인 사고방식이던가.

방정환 선생은 어린이를 단순히 성숙하지 않은 존재로 보지 않았다. 국가의 독립을 위해 싸울 수 있는 인재이며 미래의 독립투사로 봤다. 어린이들이 미래 사회의 주축이 된다는 사실을 분명히 인식했던 것이다.

간혹 지자체에서 축제 등 행사를 여는 곳에 가 본다. 대부분이 어른 위주의 행사다. 어린이나 청소년을 위한 축제 마당은 거의 없고 있다 해도 구색 맞추기에 불과하다. 이런 상황은 우리 어른들이 머지않은 미래를 내다보지 못하고 있다는 뜻이나 다름없다. 다음 세대의 문화와 가치관 형성에 관심이 적고 지속 가능한 사회발전을 준비하지 못하고 있는 셈이기 때문이다. 어른들은 시간이 흐르면 사라지지만 어린이들은 이 사회의 주축이 된다. 사회복지가 됐건 IT 산업이 됐건 모든 분야에서 어린이에게 주목해야 하는 이유다.

"고정욱 선생님! 으아아앙!"

한번은 학교 복도에서 만난 여자아이가 날 보자마자 울음을 터뜨렸다. 강연하는 장소로 이동하는 길에 만난 아이였다. 같이 있던 아이들과 선생님이 모두 당황했다.

"아이고, 얘가 선생님을 너무 좋아하더니 만나니까 울어 버리네요."

선생님이 신기하다는 듯 말했다. 어린이들을 위한 동화를 쓰기 시작한 지 약 35년. 그사이에 많은 팬이 생겨 덕분에 전국으로 강연을 다닌다. 교회와 학교, 사회단체와 도서관 등 여러 곳에서 수많은 어린이를 만나고 그 아이들과 호흡하며 대화를 나눈다. 그런데 이렇게 울음을 터뜨리는 아이는 처음 봤다. 그 아이를 꼭 끌어안아 줬다. 우는 아이를 보니 나도 울컥했다. 내가 뭐라고 나를 만나 감격하며 눈물을 흘릴까.

나는 한때 사회를 바꾸려고 무척 많이 노력했다. 시위도 하고 권익을 위해 글도 쓰며 활동을 했다. 그러나 세상은 그렇게 쉽게 바뀌지 않았다. 여전히 편견이 자리하고 있다. 장애인 주차장을 편히 이용하는 것도, 엘리베이터를 타지 못해 계단을 오르는 것도 장애인들은 힘들다.

아직도 온통 턱과 계단뿐인 이 사회를 어떻게 바꿀 수 있을까? 그 변화는 바로 사랑하는 우리 미래의 희망인 어린이의 인식부터 바꾸는 데서 시작한다. 어린이들에게 장애인은 엘리베이터가 필요하며 장애인 주차장에 차를 대면 안 된다고 이야기해 줘야 한다. 그들에게 사랑을 실천하고 본보기를 보여야 한다. 지금 세상이 혼탁하다고 미래까지 그렇게 만들 수는 없기 때문이다. 어린이들이 주역이 될 세상은 좀 달라야 한다.

예수님은 아이들의 순수함을 두고 이렇게 말했다고 한다.

"천국은 어린아이 같은 마음을 가진 사람이 가는 곳이오."

그렇다. 어린아이들은 맑고 깨끗하다. 아이들의 티 없이 맑은 마음을 지키는 것은 어른들의 몫이다. 그런데 힘없고 약한 어린아이를 괴롭히고 학대하는 일이 종종 벌어진다. 세상에 아이들을 내놓은 것은 어른들이면서 만만하다는 이유로 아이들을 죽이기까지 하는 그 크나큰 죄악을 어떻게 갚으려고 그럴까.

 어른이라면 내 삶이 힘들고 어렵고 실패했을지라도 내 아이의 삶은 그렇게 되지 않도록 보듬어야 한다. 아이들 앞에서 싸우는 모습을 보여서도, 욕을 하거나 누군가를 때려서도 안 된다. 아이들이 그대로 본받고 배우게 해서는 안 되지 않겠는가? 힘들고 어려워도 미래를 향해 참고, 미래의 희망인 어린이를 위해 나 자신을 희생하는 것. 아이들에 대한 진정한 사랑은 바로 그런 것이다.

 나를 보고 눈물 흘린 아이가 내민 책에 사인을 해 줬다. 언젠가 그 아이가 힘들고 어려울 때 이 책을 펼치며 순수함을 지킬 수 있으면 좋겠다. 어린이는 미래의 희망이며 사랑이다. 부모들이 고생하는 것도 바로 자녀들을 위해서가 아닌가. 그들의 순수함을 못 지켜 준다면 우리의 삶에 미래는 없다. 자녀를 위한 기도, 자녀를 위한 사랑을 적극 실천해야 할 때다.

미래를 위한 약속

일찍이 요즘처럼 환경에 대한 관심이 증폭된 적은 없었다. 내가 어릴 때만 해도 우리나라의 공기는 맑았다. 청명한 가을 하늘, 그것이 우리나라의 몇 안 되는 내세울 거리였기 때문이다. 어렸을 때 읽은 만화에서 외국인 관광객이 비행기에서 내리며 "공기가 맑군!" 하고 감탄하던 장면이 지금도 기억난다.

빠른 공업화와 근대화를 거치며 환경오염이 심해졌지만 다시 노력해 지금은 친환경 국가로 나아가고 있다. 어디 그뿐인가. 환경교육도 철저하다. 여러 학교에 강연하러 다니면서 살펴보니 환경에 대한 교과목이 있었다. 자원 재활용과 지구 환경보호 등의 내용이 담긴 각종 슬로건과 교육자료가 난무하다고 말해도 좋을 만큼 많았다. 미래에 이 땅을 살아갈 아이들의 삶을 위한 의도일 것이다.

그래서인지 요즘 어린이들은 분리배출을 철저히 한다. 나 역시 학생들을 가르치는 입장이라 언행일치를 위해 최대한 분리배출을 하려고 노력한다. 사용한 플라스틱 용기는 깨끗이 헹구고 제품이 유리와 철로 만들어져 있다면 제대로 분리해 버린다. 심지어는 비닐봉지도 몇 번씩 재활용한다. 내용물을 깨끗이 닦아 내고 말려서 또 쓸 수 있으면 끝까지 쓴다.

그런데도 여전히 걱정을 떨칠 수 없다. 나야 앞으로 얼마 지나지 않으면 지구를 떠나겠지만 남아 있는 우리 아이들은 오염된 지구에서 잘 살 수 있을까?

어느 날 학교에 갔나가 도서관 사서 선생님에게 이런 질문을 받았다.

"선생님, 무슨 작품 쓰고 계셔요?"

"글쎄요, 저는 선생님들이 제안해 주시는 작품도 얼마든지 씁니다."

"그럼 요즘 아이들의 우울증에 대해서 써 주세요."

"아이들 우울증이요?"

"정확히 말하면 환경 후유증입니다. 하도 '지구의 수명이 얼마 남지 않았다', '온도가 올라간다', '폐기물 쓰레기가 많다', '바다에 플라스틱이 쌓이고 있다' 같은 무서운 이야기만 계속 듣다 보니까, 아이들이 우울증에 걸렸어요."

"그게 정말입니까?"

"네. 자기들이 살아 있을 때 지구가 멸망할까 봐 다들 무의식적으로 두려워하고 있답니다."

처음 들었지만 이해되는 대목이었다. 청년 시절 2000년대가 오면 선택받은 소수만이 구원받아 하늘로 올라가고 지구는 멸망한다는 사이비 교리가 퍼진 적이 있다. 공교롭게도 그 종교 단체가 있던 곳이 집에서 가까웠기에 우리 집에도 그들이 뿌린 소책자가 굴러다녔다. 동생들이 오가다 길거리에서 받아 온 모양이었다.

활자중독이었던 나는 그 책자를 읽고 그날 밤 잠을 이루지 못했다. 정말 휴거가 일어나서 지구가 멸망한다면 나는 그 들려 올라가는 무리에 들어갈 수 있을까? 당장이라도 그 종교 단체에 뛰어가서 기도하고 모든 것을 바쳐야 할 것만 같았다.

대학생이던 나조차도 그런 무서운 말을 들으면 두려움에 떨었는데, 판단력과 사물을 이해할 수 없는 어린이들이 끊임없이 '지구 환경이 위험하다', '지구가 멸망한다'라는 말을 들었을 때 어떤 기분이었을까? 미안했다. 미래의 주인공인 어린이들 입장은 생각지도 않고 어른들 입장만 강요한 것 같아서다. 아이들에게 물었다.

"너희들 정말 환경에 대해 두렵니?"

많은 아이가 그렇다고 고개를 끄덕였다. 가슴이 쿵 내려앉았다. 아이들과 약속했다.

"너희들이 두려워하지 않아도 되는 이야기를 꼭 쓸게. 기다려. 안심해도 돼. 그리고 하나 더 해 줄 말은, 지구를 걱정하는 수많은 과학자와 기술자, 수학자가 있어. 지금도 끊임없이 지구를 구하기 위한 연구를 하고 있단다. 그 사람들이 성과를 낼 거야. 희망을 가져. 그리고 너희도 지금부터 열심히 그런 분야를 공부해서 인류를 구할 수 있는 아이디어를 내면 되지 않겠니? 위기가 온다는 것은 곧 헤쳐 나갈 기회가 온다는 뜻이란다."

나에게 하는 말이기도 했다. 위기를 이겨 내고 기회를 잡는 것. 그것이 내 평생의 화두가 아닌가 말이다. 이 세상의 모든 것에는 이유가 있다. 절대 그냥 툭 떨어진 고난과 갑자기 주어진 행운은 없는 법이다. 그 의미를 찾아내고 겸손하게 살아야 한다.

내가 이러고 있을 때가 아니다. 빨리 동화를 구상해 우울증에 걸린 아이들에게 '지구는 안전하며, 우리의 노력에 따라 얼마든지 더 밝고 아름다운 미래가 기다리고 있다'라는 사실을 말해 줘야겠다.

꾸준히 또 꾸준히

내 핸드폰에는 약 2,500명의 초·중·고 선생님과 학교의 연락처가 저장돼 있다. 책을 좋아하는 전국의 초·중·고등학생의 이름과 번호도 2,000개가 넘는다. 모두 강연하러 간 학교에서 만난 인연으로, 새 책이 나오거나 새로운 소식이 있을 때마다 정보 제공 차원에서 문자를 꾸준히 보낸다. 삭송 SNS에도 글과 생각을 꾸준히 올린다. 하루에 하나씩 올리자고 마음먹고 실천한 지도 10년이 넘었다.

책도 꾸준히 쓰고 있다. 2025년 초에 출간된 《주석으로 쉽게 읽는 고정욱 그리스 로마 신화》 시리즈까지 총 378권을 썼다. 앞으로도 힘이 닿는 데까지 계속해서 쓸 생각이다. 책이 출간되면 각종 언론기관에 보도자료를 보내고 출판 관계자나 아는 사람들에게 홍보를 부탁한다. 누군가가 인터뷰 요청을 하면 100퍼센트 응한다. 오늘도 서재를 정리하고 두 시간 동안 인터뷰를 했고 다음 주에는 방송 촬영 스케줄이 잡혀 있다. 이렇게 꾸준히 내가 쓴 콘텐츠에 관심을 가진 사람들에게 목소리를 전한다.

어떤 이들은 '돈에 눈이 멀어서 그래?', '책을 대충 쏟아내는 것 아니야?' 하고 묻는데, 나는 아무 대답도 하지 않는다. 그들에게 신경 쓸 시간에 해야 할 일을 하는 편이 더 낫다. SNS 하는 것이 시간 낭비라고 말하는 사람들에게도 아무 말 않는다. 내게 SNS는 세상과 소통하는 창이며 오늘도 다이어리에는 'SNS에 내 소식을 알릴 것'이 할 일로 적혀 있다.

장애인 인식 개선 노력과 청소년들에게 꿈과 진로를 안내하는 멘토링도 마찬가지다. 완성이 있을 수 없는 일들이지만 느리더라도 꾸준히 하고 있다. 한 명이라도 더 내 글을 읽고 변화한다면, 한 명이라도 더 꿈을 찾는다면 그것으로 충분하다. 선생님과 학생들이 문자를 보내오면 곧바로 연락처를 저장하는 이유다.

나는 원래 의사가 되고 싶었다. 생명을 살리는 사람이 되고 싶었고, 누군가에게 도움이 되는 일을 하고 싶었다. 지금은 동화작가로서 그보다 더 큰 소명을 찾았다. 글을 통해 누군가의 마음을 살리고, 삶을 변화시킬 수 있음을 깨달았다. 누군가는 힘든 삶 속에서 꿈을 잃고 좌절하기도 하지만 다시 시작할 수 있다. 작은 희망 하나라도 붙잡고 꾸준히 노력하면 언젠가 길이 보인다.

혹시 지금 삶이 힘들고 꿈을 잃은 것 같아 무기력하다면 다시 일어나 보자. 나의 이 꾸준함이 단순한 집착이 아니라 삶을 변화시키는 힘이라는 걸 믿어 보자. 처음부터 완벽한 사람은 없다. 중요한 것은 포기하지 않는 마음이다. 그리고 그 길을 함께 가는 사람들이나.

노력하는 자는 즐기는 자를 이기지 못한다고들 하지만 나는 다르게 생각한다. 꾸준히 노력하면서 그것을 즐길 줄 안다면 그보다 더 강한 힘은 없다. 나 역시 즐겁기 때문에 죽는 날까지 이 일을 할 수 있으리라. 그러니 당신도, 멈추지 말고 다시 걸어가 보자. 당신이 다시 힘낼 수 있도록, 나는 어제 그랬듯 오늘도 글을 쓰고, 이야기를 전한다.

어릴 적 내가 되고 싶었던 것은

1판 1쇄 인쇄 2025년 4월 7일
1판 1쇄 발행 2025년 4월 17일

지은이 고정욱
펴낸이 김성구

책임편집 류다경
콘텐츠본부 고혁 양지하 김초록 이은주 이영민
디자인 김민지
마케팅부 송영우 김지희 김나연 강소희
제작 어찬
관리 안웅기 이종관 홍성준

펴낸곳 (주)샘터사
등록 2001년 10월 15일 제1-2923호
주소 서울시 종로구 창경궁로35길 26 2층 (03076)
전화 1877-8941 **팩스** 02-3672-1873
이메일 book@isamtoh.com **홈페이지** www.isamtoh.com

ⓒ 고정욱, 2025, Printed in Korea.

이 책은 저작권법에 따라 보호를 받는 저작물이므로 무단전재와 복제를 금지하며
이 책의 내용 전부 또는 일부를 이용하려면 반드시 저작권자와 (주)샘터사의
서면 동의를 받아야 합니다.

ISBN 978-89-464-2306-0 (03810)

값은 뒤표지에 있습니다.
잘못 만들어진 책은 구입처에서 교환해 드립니다.

샘터 1% 나눔실천
샘터는 모든 책 인세의 1%를 '샘물통장' 기금으로 조성하여 매년 소외된 이웃에게
기부하고 있습니다. 2023년까지 약 1억 1,200만 원을 기부하였으며, 앞으로도 샘터는
책을 통해 1% 나눔실천을 계속할 것입니다.